高职高专"十三五"规划教材

民航运输类专业系列教材

民航客舱安全管理

MINHANG KECANG ANQUAN GUANLI

顾震 主编 　　唐杰 副主编

韩瑛 主审

·北京·

《民航客舱安全管理》依据中国民航局相关规章编写，以客舱乘务员岗位工作职责为切入点，主要内容包括客舱运行规则、客舱安保、客舱应急设备、危险品运输、机组资源管理、客舱应急处置共六个章节。以学习目标、理论阐述、案例、小结和课后作业为基本体例，立足于理论指导和能力培养，使课堂教学与操作实际互为补充、互相支撑，为即将步入乘务职业生涯的学员打下扎实的基础。此外，此书通过引入国内外民航真实案例，使学员更深刻地体会客舱安全管理是客舱乘务员的首要职责。为方便教学，本书配有电子课件。

本书可作为高职高专院校航空乘务类专业学生的教材，也可作为航空公司乘务培训的参考用书。

图书在版编目（CIP）数据

民航客舱安全管理/顾震主编．—北京：化学工业出版社，2016.6（2025.2重印）
高职高专"十三五"规划教材
ISBN 978-7-122-26867-9

Ⅰ.①民… Ⅱ.①顾… Ⅲ.①民用航空-旅客运输-安全管理-中国-高等职业教育-教材 Ⅳ.①F562.6

中国版本图书馆CIP数据核字（2016）第082352号

责任编辑：旷英姿　　　　　　　　　　文字编辑：李　瑾
责任校对：宋　夏　　　　　　　　　　装帧设计：王晓宇

出版发行：化学工业出版社（北京市东城区青年湖南街13号　邮政编码100011）
印　　装：北京科印技术咨询服务有限公司数码印刷分部
787mm×1092mm　1/16　印张9½　字数168千字　2025年2月北京第1版第8次印刷

购书咨询：010-64518888　　　　　　　售后服务：010-64518899
网　　址：http://www.cip.com.cn
凡购买本书，如有缺损质量问题，本社销售中心负责调换。

定　价：25.00元　　　　　　　　　　　　　　　　　　　版权所有　违者必究

前言 FOREWORD

《民航客舱安全管理》依据空中乘务和航空服务专业"十三五"规划教材出版要求而编写。教材贯彻"基础理论教学要以应用为目的,以必须、够用为度,以掌握概念、强化应用、培养技能为教学重点"的原则,突出应用能力和综合素质的培养。通过理论知识与实际案例相结合来阐述客舱安全管理,融科学性、知识性、创新性和实用性于一书。

安全是航空公司首要考虑的问题。保障飞行安全是全球所有航空公司共同努力的目标。对于客舱乘务员而言,他们的任务不仅是为旅客提供舒适温馨的客舱服务,更重要的是一旦发生了紧急情况,必须能够迅速做出正确的判断,采取果断的措施,向旅客提供必要的安全指导,尽可能保障旅客和自身的安全。

本书根据课程编排,客舱安全管理包括客舱运行规则、客舱安保、客舱应急设备、危险品运输、机组资源管理、客舱应急处置共六个章节。以学习目标、理论阐述、案例、小结和课后作业为基本体例,立足于理论指导和能力培养,使课堂教学与操作实际互为补充、互相支撑,为即将步入乘务职业生涯的学员打下扎实的基础。

本书由中国东方航空股份有限公司顾震主编、唐杰副主编,民航业内资深客舱服务管理专家韩瑛女士主审。参加编写的还有上海应用技术学院杨益群,上海建桥学院王重华、孙梅。

由于时间仓促,书中疏漏之处在所难免,敬请各位专家和同行提出宝贵意见并不吝赐教。

编　者

2016年4月

CONTENTS

目 录

第一章 客舱运行规则 — 001

第一节 一般规则 — 001
  一、机组权限与规定 — 001
  二、进出驾驶舱的规定 — 005
  三、飞机的要求 — 008
  四、便携式电子设备的禁用与限制 — 008
  五、出口座位的安排 — 010
  六、禁烟规定 — 012
  七、系好安全带规定 — 013
  八、客舱物品的控制 — 014

第二节 客舱乘务员要求 — 016
  一、准备会要求 — 016
  二、客舱检查 — 017
  三、飞行机组与客舱机组飞行前的协同工作 — 018
  四、客舱飞行准备 — 019
  五、个人安全 — 020
  六、旅馆安全须知 — 020
  七、确保飞行安全 — 021
  八、禁区 — 021

第三节 飞行工作标准 — 022
  一、预先准备 — 022
  二、直接准备 — 022

三、上机后	023
四、旅客登机前	023
五、旅客登机时	024
六、关闭舱门前	024
七、飞机滑/推出前	024
八、飞机滑出	025
九、起飞前	025
十、飞行中	025
十一、着陆前	026
十二、着陆后	026
十三、经停/到达离机前	027
十四、航后讲评	027

第二章　客舱安保

	029
第一节　旅客管理	029
一、旅客规则	029
二、旅客登机许可	030
三、旅客饮用含酒精饮料的限制	030
四、要求更换座位的旅客	030
五、需要特殊帮助的旅客	031
六、要求占用两个座位的旅客	032
七、需要医疗证明的旅客	032
八、携带武器的旅客	032
九、偷渡者	033
十、无签证过境	033
十一、遣返旅客	033
十二、因个人原因终止旅行的旅客	034
第二节　非法干扰处置	035
一、各类扰乱行为的处置措施	035

二、非法干扰行为处置 　　037
三、反劫机处置原则 　　038

第三章　客舱应急设备　　041

第一节　氧气系统　　041
一、便携式氧气瓶　　041
二、应急氧气系统　　042
三、驾驶舱氧气系统　　043

第二节　火警设备　　045
一、机上火灾的分类及适用灭火瓶　　045
二、水灭火瓶　　045
三、海伦灭火瓶　　046
四、自动灭火装置　　047
五、防护式呼吸装置　　047
六、烟雾探测器　　049

第三节　急救设备　　050
一、应急医疗设备的配备及管理要求　　050
二、急救箱　　050
三、应急医疗箱　　051
四、卫生防疫包　　052

第四节　安全设备　　053
一、折叠的客舱乘务员座椅/固定装置　　053
二、加长安全带　　054
三、婴儿安全带　　054
四、充气式安全带　　055
五、舱门警示带　　056

第四章 危险品运输 …… 057

第一节 危险品规则 …… 057
  一、《危险品规则》的来源 …… 057
  二、国内对危险品的监管 …… 058
  三、民用航空局的相关规定 …… 058
  四、机上危险品的限制条款 …… 058

第二节 危险品分类及标签 …… 059
  一、危险品的定义 …… 059
  二、危险品分类 …… 059
  三、危险品标签 …… 060

第三节 危险品处置 …… 062
  一、最初行动 …… 062
  二、如果发生火情 …… 062
  三、如果出现溢出或渗漏 …… 062
  四、对于怀疑为爆炸物的处理 …… 063
  五、着陆之后 …… 064

第五章 机组资源管理 …… 065

第一节 概述 …… 065
  一、机组资源管理的背景和发展 …… 065
  二、机组资源管理（CRM）的概念 …… 067
  三、机组资源管理训练的目标 …… 067

第二节 人为因素对CRM的影响 …… 068
  一、SHELL模型 …… 068
  二、墨菲定律 …… 069
  三、Reason模型 …… 070
  四、人为影响因素 …… 070

第三节　威胁与差错管理　　　　　　　　　　　　073
　　一、威胁因素对安全的影响　　　　　　　　　073
　　二、差错　　　　　　　　　　　　　　　　　074
　　三、人的错误与可靠性　　　　　　　　　　　074
　　四、威胁与差错管理的有效方法　　　　　　　074

第四节　情景意识与飞行安全　　　　　　　　　　076
　　一、情景意识　　　　　　　　　　　　　　　076
　　二、影响情景意识的主要因素　　　　　　　　076
　　三、提高机组情景意识的途径　　　　　　　　077

第六章　客舱应急处置　　　　　　　　　　　　079

第一节　总则　　　　　　　　　　　　　　　　　079
　　一、飞行安全　　　　　　　　　　　　　　　079
　　二、空难事故　　　　　　　　　　　　　　　079
　　三、机组职责　　　　　　　　　　　　　　　080
　　四、保持警戒　　　　　　　　　　　　　　　080
　　五、即时报告　　　　　　　　　　　　　　　081
　　六、应急通信　　　　　　　　　　　　　　　082

第二节　客舱失火　　　　　　　　　　　　　　　083
　　一、预防火灾　　　　　　　　　　　　　　　083
　　二、基本灭火程序　　　　　　　　　　　　　084
　　三、特殊火灾的处理　　　　　　　　　　　　085
　　四、锂电池及锂电池移动电源　　　　　　　　087
　　五、火势得到控制后　　　　　　　　　　　　088
　　六、火势失控　　　　　　　　　　　　　　　088

第三节　客舱失压　　　　　　　　　　　　　　　089
　　一、失压类型　　　　　　　　　　　　　　　089
　　二、失压的迹象　　　　　　　　　　　　　　089
　　三、客舱失压的反应　　　　　　　　　　　　090
　　四、到达安全高度后的处置　　　　　　　　　091

第四节　飞机迫降　　　　　　　　　　　　　　　092

一、有准备的迫降	092
二、无准备的迫降	100
三、撤离准备	100
四、组织撤离/无需撤离	101
第五节　应急撤离	102
一、组织撤离——陆上	102
二、组织撤离——水上	106
第六节　野外求生	112
一、基本原则	112
二、求生要素	113
三、应对严寒	114
四、应对酷暑	116
五、应对沙漠	116
六、海上求生	117
七、水与求生	118
八、食物	120
九、信号	121
十、使用绳索	126
十一、辨别方向	128

附录

	Page
民航主要机型介绍	131
一、B737机型	131
二、B747机型	132
三、B757机型	133
四、B767机型	134
五、B777机型	135
六、B787机型	136
七、A320机型	137
八、A330机型	138
九、A340机型	139
十、A350机型	140
十一、A380机型	141
参考文献	142

第一章

客舱运行规则

学习目标

1. 了解客舱运行一般规则。
2. 掌握客舱乘务员要求。
3. 了解客舱乘务员飞行各阶段工作标准。

第一节　一般规则

一、机组权限与规定

1. 机长权限

（1）航班飞行期间，机长负责操作飞行器和指挥机组，并对旅客、机组成员[❶]、货物和飞行的安全负责。

（2）航班飞行期间，机长对飞机的运行拥有控制权和管理权，并对飞机和旅客的安全具有最后决定权。

相关链接

民航飞行员基本晋升路径：飞行学员→观察员（SS）→全程右座（FR）→第一阶段副驾驶（F1）→第二阶段副驾驶（F2）→第三阶段副驾驶（F3）→第四阶段副驾驶（F4）→左座副驾驶（FL）→机长（C）。

---

❶ 机组成员：是指飞行期间在航空器上执行任务的航空人员，包括飞行机组人员和客舱乘务员。

2. 客舱乘务组权限

(1)协助机长保证旅客、客舱和货物的安全。

(2)完成服务工作,保证服务质量。

(3)整个航班飞行期间,团结协作,保证航班正常。

客舱乘务员基本晋升路径:乘务学员→普通舱乘务员→资深乘务员→头等/公务舱乘务员→乘务长→客舱经理。

3. 客舱乘务员有效证件

客舱乘务员在执行航班任务时,应携带齐全以下有效证件:

(1)《航空人员体检合格证》;

(2)《中国民用航空客舱乘务员训练合格证》;

(3)《中国民航空勤登机证》;

(4)《中华人民共和国因公护照》(国际航班)或《因公往来香港、澳门特别行政区通行证》(地区航班)。

4. 机组供餐要求及饮用含酒精饮料的规定

(1)机组供餐 空中供餐时,原则上应为机长和副驾驶提供不同的餐食。如供给的餐食类别相同时,应要求机长和副驾驶的进餐时间间隔至少保持1小时。

(2)酒精饮料

① 在计划飞行前的12小时内,任何机组人员不得饮用含酒精的饮料;公司在知晓该人员在12小时之内饮用过含酒精饮料时,不得允许其上岗或者继续进行工作。

② 如果机组人员体内酒精浓度达到或超过0.04克/210升以上,或者在酒精作用状态下,不得上岗或者继续留在岗位上进行工作。公司在明知该员呼出气体中所含酒精浓度达到或者超过0.04克/210升,或者在酒精作用状态下,不得允许其上岗或者继续进行工作。

③ 机组人员在进行工作过程中,不得饮用含酒精饮料。公司如知道该人员在工作过程中饮用含酒精饮料时,不得允许其继续进行工作或者上岗。

④ 机组人员穿着制服时,不得饮用含酒精的饮料或进入提供酒精饮料的酒吧(餐馆除外)。

5. 机组人员携带及使用药物的规定

(1)机组人员不得使用或者携带鸦片、海洛因、甲基苯丙胺(冰毒)、吗啡、大麻、可卡因以及国家规定管制的其他能够使人形成瘾癖的麻醉药品和精神药品。公司不得安排明知其使用或者携带了上述禁用毒品和药品的人员进行工作，该人员也不得为公司担负工作。

（2）用药限制　机组人员如果使用了影响他们执行任务能力的药物，应禁止飞行。因此，机组人员应该询问医生所开的任何药物是否会影响飞行能力。

（3）以下是可能会对飞行能力产生消极作用影响的药物（需在航医指导下用药，在下列药物的药力作用内，禁止参加飞行）：

① 止痛剂；

② 治喘息药；

③ 抗生素（软膏除外）；

④ 抗胆碱能剂（用于治疗溃疡）；

⑤ 抗凝剂；

⑥ 止吐剂；

⑦ 治肥胖病药；

⑧ 防晕机药；

⑨ 止痒剂（软膏或洗剂除外）；

⑩ 镇痉药；

⑪ 比妥酸盐（以及所有其他安眠药）；

⑫ 感冒和咳嗽药；

⑬ 可的松及类似的药（软膏或眼药水除外）；

⑭ 强心剂；

⑮ 利尿剂；

⑯ 痛风药；

⑰ 降压药（对较低血压）；

⑱ 胰岛素；

⑲ 肌肉松弛剂；

⑳ 麻醉药；

㉑ 减轻口鼻充血剂；

㉒ 磺胺（非吸收性磺胺除外）；

㉓ 镇静剂或兴奋剂；

㉔ 血管扩张剂。

6. 客舱乘务员不得参加飞行的各种情况

（1）精神受刺激，情绪异常者；客舱乘务员精神受到刺激是指执行飞行任务的客舱乘务组成员在受到外界干扰、刺激下，表现出的非正常精神症状，包括情绪不能控制、异常焦虑、极度紧张、意识行为障碍等。此种情况的发生既可能出现在飞行前，也可能出现在航班飞行中。

① 航前准备时，如乘务长发现组员是或表现此种情况时，应立即向部门值班人员报告，取消其当日飞行。必要时，应通知其所属乘务队、家属、航医室。

② 飞行中，如乘务长发现组员是或表现此种情况时，应立即报告机长，解除其担任的值勤职责，其职责由既定的其他组员承担。必要时，应派专人负责看护该名客舱乘务员。

③ 航班在基地落地后，应派一名客舱乘务员替换该客舱乘务员。

（2）体温异常、头痛头晕、脉搏加快、血压过高或过低、牙痛、胸痛、咳嗽、咯血、心悸、心前区疼痛、呕血、恶心呕吐、腹痛、腹泻者。

（3）急性疾病未愈，慢性疾病，影响耳咽管通气功能者。

（4）飞行中发生严重的错觉者。

（5）伤后影响工作和安全者。

（6）擅自服用影响飞行安全的药物者。

（7）飞行前数小时体力消耗过大，或有明显疲劳现象者。

（8）一经证实妊娠或终止妊娠、分娩后未取得航空人员体检合格证者，不得参加飞行。

（9）因其他疾病，不能履行其岗位职责者。

7. 机组指挥权的接替

案例

英国一架客机在飞往塞浦路斯途中，因副驾驶在空中猝死被迫飞往土耳其降落。这架A320空中客车载有156人，在曼彻斯特起飞后原本是要飞往塞浦路斯岛的帕福斯，但途中突然发生紧急医疗事故，副驾驶情况危急，飞机于是改道飞往伊斯坦布尔降落。着陆后医生宣布副驾驶已死亡。

（1）飞行人员能力丧失的处置　飞行人员能力丧失包括：突然死亡、不明显的局部失去意识或体能的情况。

这种情况在所有年龄段和所有飞行阶段都可能发生。

① 飞行机组成员应严格执行公司相关手册的程序。任一飞行机组成员对任何有关

严重偏离公司相关手册程序的提醒或喊话不能迅速反应并采取措施时,其他飞行机组成员应怀疑其可能出现能力丧失或部分丧失。

② 如任一飞行机组成员对机组其他成员的第二次询问仍无反应,飞行机组其他成员可判定其已丧失能力。

③ 如客舱乘务员多次以正常及应急方式均无法与驾驶舱取得联络,可判定飞行机组成员已丧失能力。

④ 如飞行机组中有成员能力丧失,客舱乘务员应根据其他机组成员的指令进入驾驶舱协助处理。

a.使用飞行机组人员氧气面罩:协助能力丧失的飞行员戴上面罩并调整氧气至100%供氧。

b.将能力丧失的飞行员拉进其座椅,双臂交叉放于安全带下面,帮助其系紧并锁定安全带,将座椅靠背向后调至最大限度。

c.如条件允许,可将能力丧失的飞行员移出驾驶舱进行急救。

d.视情况广播寻找医护人员,但需注意避免使用会引起旅客紧张或恐慌的语言。

e.如飞行机组认为有必要,可根据其要求选派一名客舱乘务员进入驾驶舱协助其进行相关工作。

(2)指挥权接替顺序　飞机上由机长负责飞行安全,所有人员必须听从机长指挥。一旦机长或其他机组成员丧失行为能力时,按以下指挥接替顺序确定指挥权接替人。

① 责任机长。

② 第二机长。

③ 副驾驶。

④ 机械员、报务员。

⑤ 乘务长。

⑥ 按飞行年限排序的所有其他客舱乘务员。

⑦ 援助者。

二、进出驾驶舱的规定

1.人员限制

(1)机组成员。

(2)正在执行任务的局方❶监察员或局方委任代表。

(3)得到机长允许并且其进入驾驶舱后对于安全运行是必需的或有益的,主要有

---

❶ 局方:中国民用航空局。

下列人员：

①机务维修人员；

②飞行签派人员；

③航空气象人员；

④航行情报员；

⑤空中交通管制员；

⑥公司雇用的飞行人员。

（4）经公司特别批准并经机长同意的其他人员，主要有下列人员：

①公司安全运行检查员；

②需要跟踪检测有关设施设备的人员；

③飞机制造厂家的有关技术人员。

2. 被准许进入驾驶舱的非机组人员要求

被准许进入驾驶舱的非机组人员，应当在客舱内有供该人员使用的座位，但下列人员在驾驶舱有供其使用的座位时除外：

（1）正在对飞行操作进行检查或者观察的局方监察员或者经授权的局方委任代表；

（2）局方批准进行空中交通管制程序观察的空中交通管制员；

（3）公司雇用的持有执照的航空人员；

（4）经公司批准的其他航空公司雇用的持有执照的航空人员；

（5）经公司批准的其他雇员，其职责与飞行运作的实施或者计划、或者空中监视飞机设备或者操作程序直接有关，此人进入驾驶舱对于完成其任务是必需的；

（6）经公司批准的该飞机或者其部件的制造厂家技术代表，其职责与空中监视飞机设备或者操作程序直接有关，进入驾驶舱对于完成其职责是必需的。

3. 局方监察员进入驾驶舱的权力

局方指定的监察员执行监察任务时，向机长出示局方监察员证件后，机长应当允许该监察员不受阻碍地进入该飞机的驾驶舱。

4. 进入驾驶舱人员的查证方法和程序

（1）得到机长允许并且进入驾驶舱对于安全运行是必需或者有益的人员，应向机长提供下述个人证件材料：

①个人有效身份证件；

②由公司相关部门核发的允许该次飞行进入驾驶舱的《任务书》；

③由局方颁发的相关执照；

④公务乘机证明。

（2）经公司特别批准，并得到机长允许而且其进入驾驶舱对于安全运行是必需或者有益的人员，应向机长提供下述个人证件材料：

① 公司总经理或公司运行副经理签发的准许该次进入飞行驾驶舱的批准书；

② 个人有效身份证件。

（3）进入驾驶舱人员证件材料的查证方法

① 由允许该次飞行进入驾驶舱人员，将证件材料交给当班乘务长，当班乘务长按进入驾驶舱规定的程序，将证件材料递交给机长审核。

② 机长对证件材料的有效性进行审核。

（4）进入驾驶舱程序：经机长审核确认无误，告之乘务长，由乘务长引导进入驾驶舱。

5.飞行中的要求

（1）在飞行期间驾驶舱门应保持全程锁闭，客舱乘务员必须对驾驶舱附近保持警惕，严禁无关人员靠近驾驶舱。

（2）飞行期间如未得到驾驶舱的内话通知，客舱乘务员不得进入驾驶舱。

（3）进入驾驶舱前，客舱乘务员应以内话或其他预先约定的方式与驾驶舱联系，征得飞行机组同意后，并确认没有旅客尾随或在驾驶舱门附近停留方可进入驾驶舱。

（4）进入驾驶舱后在与飞行机组交流前，客舱乘务员应首先确认飞行机组未在进行通信或未进行其他任何飞行操作程序。

（5）离开时，应通过驾驶舱门上的观察孔观察外部情况，确认安全后方可打开驾驶舱门。

6.驾驶舱门的检查

航前直接准备阶段，兼职安全员必须配合专职安全员做好驾驶舱门的密码功能测试工作（图1-1），如发现密码无法正常打开驾驶舱门时，应及时向机长汇报，并根据机长指令做好后续工作。

图1-1 驾驶舱门的密码功能测试

三、飞机的要求

1. 飞机应急撤离的能力

（1）如飞机停留在地面且客舱内留有旅客，在飞机开始地面移动前，客舱中至少应有一个地板高度出口连接登机桥或客梯车，或确保至少一个地板高度出口的滑梯处于预位状态，以供旅客在正常或紧急情况下撤出飞机。

（2）载有旅客的飞机在所有有效出口滑梯处于预位状态前，不得在地面上移动、起飞或者着陆。

2. 跨水/延伸跨水飞行与应急漂浮设备

（1）跨水运行

① 距最近海岸线的水平距离超过该飞机滑翔距离的运行。

② 自特定机场起飞或者着陆时，飞机的起飞或者进近航迹处于水面上空，民航管理局认为飞机发生不正常情况时有可能迫降水上的运行。

③ 考虑特定水域的深度和范围，所有飞机应当携带供机上每位乘员使用的配备有经批准的装有幸存者定位灯的救生衣或者经批准的等效漂浮装置的运行，该装置应存放在每个座位或铺位上的乘员易于取用的地方。

（2）延伸跨水飞行

① 对距最近海岸线的水平距离超过93千米（50海里❶）的跨水运行为延伸跨水运行。

② 延伸跨水运行除需携带上述（1）款中要求的救生衣外，还需携带以下设备：

a. 救生筏、滑梯/救生筏；

b. 每个救生筏至少配有一个目视信号装置/烟火信号器；

c. 经批准的救生型应急定位发射器。

四、便携式电子设备的禁用与限制

案例

1991年5月26日，奥地利某航空公司的一架波音767-300型飞机，从泰国曼谷机场起飞后不久，机上的一台计算机启动了应在地面着陆后才打开的反向推进器，导致飞机失去平衡。因无法及时修正，飞机失速解体坠毁，机上233人全部遇难。事故调查结果表明，飞机是在受到严重的电子干扰后产生错误信号所致。

---

❶ 1海里 = 1.852千米（中国标准），全书余同。

1. 从关闭舱门时刻起,至结束飞行打开舱门时刻为止,禁止使用的电子设备

(1) 移动电话;

(2) 对讲机;

(3) 遥控玩具和其他带遥控装置的电子设备;

(4) 局方或航空公司认定干扰飞机安全运行的其他无线电发射装置。

2. 在起飞、爬升、下降、进近和着陆等飞行关键阶段,不允许使用下列设备

(1) 便携式计算机;

(2) 收音机;

(3) CD播放机;

(4) 电子游戏机;

(5) 视频录放机。

3. 下列设备不受限制

(1) 助听器;

(2) 心脏起搏器;

(3) 电子神经模拟器;

(4) 电子表;

(5) 电动剃须刀;

(6) 生命保护装置;

(7) 经批准的机载娱乐设备。

4. 禁止和限制使用电子设备的管理

(1) 起飞前

① 客舱乘务员应广播"禁止使用电子设备",告知旅客进入客舱后必须将移动电话及其他电子设备的电源开关置于关断状态。

② 客舱乘务员加强客舱巡视,发现不遵守规定的行为应立即予以制止并确认其关闭电源,方可离开。

(2) 飞行期间

① 客舱乘务员服务时应加强客舱巡视。

② 当发现存在电子干扰并怀疑该干扰来自机上乘员使用的便携式电子设备时,机长或机长通知乘务长要求其关闭这些便携式电子设备;情节严重的应当在飞机降落后移交地面公安机关依法处置,乘务长应及时通知公司。

③ 飞机下降时,"系好安全带"灯亮,客舱乘务员应广播"关闭限制使用的电子设备电源"的通知,并加强客舱安全检查。

五、出口座位的安排

"出口座位"是指旅客从该座位可以不绕过障碍物直接到达出口的座位和旅客从离出口最近的通道到达出口必经的成排座位中的每个座位（图1-2）。

1. 对坐在出口座位上的旅客在发生紧急情况时的要求

图1-2　出口座位

当发生紧急情况时，坐在出口座位上的旅客应能够协助机组成员。在每个座位的口袋里都有详细的《应急出口旅客须知》。为保证这些旅客能够胜任这些职责，客舱乘务员应在关闭机门前完成必要的检查。

（1）负责出口座位的客舱乘务员应对每一个坐在出口座位上的旅客进行目视评估，以确认该旅客是否符合出口座位的安排要求，对于不符合要求者或提出需要调换座位者及时进行处理。

（2）该客舱乘务员应向坐于出口座位的旅客介绍出口座位并使用《应急出口旅客须知》向旅客简介出口座位的要求，并请其阅读《应急出口旅客须知》。

（3）该客舱乘务员应将出口座位确认情况报告乘务长。

> **注：**
> 以上工作应在登机门关闭前完成。

> **相关链接**
>
> ### 应急出口标准介绍用语
>
> 您好先生/女士，这里是应急出口，在正常情况下请不要触动这个红色手柄，在紧急情况下请协助乘务员打开出口并帮助其他旅客撤离，您可以做到吗？这是《应急出口旅客须知》请您仔细阅读，如有任何疑问请与乘务员联系，谢谢！
>
> Good morning/afternoon sir/madam, you are sitting at the emergency exit. In normal situation, please do not touch this red handle.In emergency, could you please help us by opening this door and help other passengers evacuate? The safety instruction card is in the seat pocket in front of you, please read it carefully.If you have any questions, please contact us.Thank you!

（4）包机飞行和任何旅客登机牌无座位号的航班上，客舱乘务员在登舱门关闭前应对坐在出口座位的旅客进行目视评估并询问。询问的内容应包括旅客对出口座位旅客须知的中/英文标示的理解程度。

（5）这个出口座位准则必须在整个航班中保持一致，在飞行中不能达到这个准则的旅客，不应被安排在另一个出口座位上。

2.坐在出口座位上的旅客应具备的能力

坐在出口座位上的旅客应具备以下能力：

（1）能确定应急出口的位置；

（2）能辨认应急出口开启机构；

（3）能理解操作应急出口的指示；

（4）能操作应急出口；

（5）能评估打开应急出口是否会增加由于暴露旅客而带来的伤害；

（6）能遵循机组成员给予的口头指示或手势；

（7）能收藏或固定应急出口门，以便不妨碍使用该出口；

（8）能评估滑梯的状况，操作滑梯，并在其展开后稳定住滑梯，协助他人从滑梯离开；

（9）能迅速地通过应急出口；

（10）能评估、选择和沿着安全线路从应急出口离开。

3.不能安排在出口座位的旅客

（1）两臂、双手和双腿缺乏足够的运动功能、体力或灵活性导致下列能力缺陷的旅客，不能安排在出口座位。

① 向上、向旁边和向下达不到应急出口位置和应急滑梯操纵机构；

② 不能握住并推、拉、转动或不能操作应急出口操作机构；

③ 不能推、撞、拉应急出口舱门操纵机构或不能打开应急出口；

④ 不能把与机翼上方出口窗门的尺寸和重量相似的东西提起、握住、放在旁边的座椅上，或把它越过椅背搬到下一排去；

⑤ 不能搬动在尺寸与重量上与机翼上方出口门相似的障碍物；

⑥ 不能迅速地到达应急出口；

⑦ 当移动障碍物时不能保持平衡；

⑧ 不能迅速走出出口；

⑨ 在滑梯展开后不能稳定该滑梯；

⑩ 不能帮助他人用滑梯离开。

（2）不足15岁，或者没有陪伴的成年人、父母或其他亲属的协助，缺乏履行第2条所列出的一项或多项能力的旅客。

（3）缺乏阅读和理解公司用文字或图表形式提供的有关应急撤离指示的能力，或者缺乏理解机组口头命令的能力的旅客。

（4）在没有隐形眼镜或普通眼镜以外的视觉器材帮助时，缺乏足够的视觉能力导致缺乏第2条所列出的一项或多项能力的旅客。

（5）在没有助听器以外的帮助时，缺乏足够的听觉能力听取和理解客舱乘务员的大声指示的旅客。

（6）缺乏足够的能力将信息口头传达给其他旅客的旅客。

（7）具有可能妨碍其履行第2条所列出的一项或多项适用功能的情况，或者履行前述功能可能会使其本人受到伤害的旅客。

4.出口座位旅客的更换

（1）如旅客不能或不愿承担上述要求，客舱乘务员必须将该旅客重新安排在非出口座位位置，并不得要求其说明理由。

（2）如航班满员，客舱乘务员应将愿意并能够承担应急撤离职责的旅客调到出口座位上。

（3）在上述（2）的情况下，如果没有符合标准的旅客愿意被换至出口座位，本次航班即被认为过满，要求坐在非出口座位的旅客将被拒绝登机。

5.拒绝运送旅客的原因

（1）旅客拒绝遵守机组成员发出的出口座位限制的指示。

（2）由于身体残疾，适合于该旅客的唯一座位是出口座位。

六、禁烟规定

案例

在海口至上海的航班上，航程中一名乘客在飞机上由于烟瘾发作，便躲在洗手间内吸烟，并将烟头丢在废物箱内。该旅客从洗手间出来，乘务员闻到他身上有一股浓烈的烟味，便立即到洗手间内查看，发现杂物桶内已开始冒浓烟，迅速取来灭火设备及时将火扑灭，才避免一场大祸。

（1）所有航班禁止吸烟及如烟等电子雾化烟，飞机上除有明显禁止吸烟标牌外，在地面和飞行中"禁止吸烟"标示灯保持全程接通；飞行机组从飞机在地面做任何移动开始至整个飞行航段中必须接通"禁止吸烟"标示灯电门（见图1-3）。

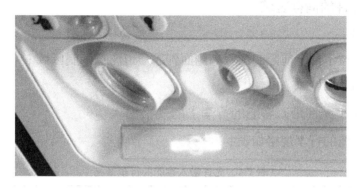

图1-3 "禁止吸烟"标示灯

（2）客舱所有区域都是禁烟区，任何人都不得例外，客舱乘务员发现旅客吸烟应及时制止。

（3）任何人不得触动、损害或者破坏飞机厕所内安装的烟雾探测器，若损坏烟雾探测器或者发生火警将受到处罚。

（4）旅客必须服从禁烟规定，对不理会劝阻的旅客，其行为将被视为是干扰飞行安全，可拒绝运输该旅客，航空安全员、乘务长应通过机长取得与地面的联系，以请求着陆后由公安或保卫部门处理。

七、系好安全带规定

在飞行过程中，有时会发生不可预料的突发情况，如飞机遇晴空颠簸，飞行员是无法事先预判的，若乘客未系好安全带，往往会导致不同程度的受伤，甚至造成严重的后果。因此，有如下规定。

（1）每次起飞之后，即使在系好安全带标示灯熄灭后，客舱乘务员仍应广播提示旅客，就座时应继续系好安全带。

（2）在滑行期间，客舱乘务员除完成保障飞机和机上人员安全的任务外，其他时间应坐于其执勤位置上并系好安全带。

（3）飞行中，遇到较严重的颠簸时，客舱乘务员应视情况检查和督促旅客系好安全带，本人也应尽快入座，系好安全带。

（4）在夜间飞行时，客舱乘务员应提醒要睡觉的旅客系好安全带。

（5）飞机紧急下降时，旅客和客舱乘务员都要系好安全带。

（6）遇有劫持飞机时，客舱乘务员应通知旅客系好安全带。

八、客舱物品的控制

1. 机上经允许的储存区域

（1）行李架；

（2）旅客座位下部至前限制区域和侧面到靠通道座位限制区域；

（3）衣帽间封闭区域。

2. 手提行李（允许带入客舱的行李）的规格

允许带入客舱的行李规格如表1-1所示。

表1-1 允许带入客舱的行李规格

舱位等级	件数	体积/件	重量/件
头等舱	2	≤20厘米×40厘米×55厘米	≤5千克
公务舱	1		
普通舱			

除了手提行李外，允许旅客带入客舱的物品有：

（1）一件外衣或一条毛毯；

（2）一把晴雨伞或一根手杖；

（3）一架小型照相机；

（4）一副小型望远镜；

（5）供旅途阅读用的适量读物；

（6）一只小拎包，袖珍书本或钱包；

（7）旅途中婴儿需用的食物；

（8）一个折叠式轮椅；

（9）一副拐杖、撑架或其他假体器具等。

3. 旅客行李的放置

（1）所有旅客的手提行李应当放置在许可的储藏区域内，确保其不会对旅客通过或穿越通道产生障碍，也不会影响到应急出口的使用。

（2）当客舱内发现无法安置的行李时，乘务长应向机长报告，并交由地面人员处理；如无地面人员在场，由飞行机组呼叫地面人员到现场处理。

（3）客舱乘务员应在旅客登机时监督存放行李，确保行李重量不超过储藏区域所承受的重量限制。

（4）手提行李不得置于影响机组人员接近应急设备或阻挡旅客看到信号标示的任何区域。

（5）任何存放应急设备的区域均不得放置任何物品、杂物，同时客舱乘务员在航班运行中应加强对上述区域的监控。

（6）放置于座位下的行李必须受行李挡杆的限制，座位下面的行李必须置于前排行李挡杆内，防止行李物品在紧急着陆时因所产生的极限惯性撞击下从侧面滑到通道上。

（7）不封闭的衣帽间仅用于悬挂衣物。

4.客舱乘务组手提行李的规定

（1）客舱乘务组的手提行李规格与旅客相同。

（2）客舱乘务组手提行李的放置应遵循旅客优先的原则。

（3）客舱乘务组的手提行李应放置于许可的储存区域内。

5.客舱服务用品

（1）所有服务用品应放置于标准箱、餐车及可锁闭的储藏柜内。

（2）标准箱及餐车应固定在注有位置编号的指定位置。

（3）客舱乘务员有责任通知相关工作人员将不能储藏的物品卸下飞机。

6.占座行李

（1）一般情况下，航空公司不允许在飞机客舱内装载行李。行李需占座时，旅客应在订座时向工作人员提出，每位旅客只能申购一个占座行李座位，经航空公司同意，占座行李要有带座位号的登机牌，且需安排在靠窗座位。

（2）客舱中只限装运易碎及贵重物品，占座行李的重量不得超过75千克，体积不得超过40厘米×60厘米×100厘米。

（3）占座行李的高度不允许超过客舱窗口的高度，也不得遮挡任何旅客告示和出口标志。

（4）占座行李不能利用应急出口座位以及应急出口座位前一排和后一排的座位，不能妨碍和阻塞任何应急出口和客舱通道。

7.婴儿车和个人折叠式轮椅

（1）不可折叠婴儿车必须托运（同机抵达目的地）。

（2）许可用来放置全折叠式婴儿车的储藏间位置如下：

①行李架、封闭式衣帽间内；

②在非应急出口座位下，尽可能离出口远的地方。

放在座位下的全折叠婴儿车必须有固定措施，以保证在飞机姿态改变的情况下，不会滑至过道上。伞式婴儿车可挂在封闭式衣帽间内。

（3）个人折叠式轮椅必须储藏于封闭式衣帽间内：
① 单通道飞机可接受一部个人折叠式轮椅；
② 双通道飞机最多可接受个人折叠式轮椅共计两件。
（4）地面工作人员遵循要客优先及先到先用的原则，控制进入客舱的个人折叠式轮椅数量。
（5）机上无法存储时，客舱乘务员有权拒绝接受，地面工作人员负责将个人折叠式轮椅放入货舱中。

本节通过8个知识点详细讲解了客舱乘务员和旅客在机上都应当遵守的一般运行规则，牢记上述内容并指导旅客严格遵守是保障航空安全的基石。

? 课后作业

（1）客舱乘务员的行李应遵守哪些规定？
（2）限制使用和禁止使用的电子设备有何区别？IPAD属于哪一类？

第二节
客舱乘务员要求

一、准备会要求

乘务长必须在每个航前准备会上用流利、通用的语言向乘务员下达明确的任务要求。

包括以下内容：

（1）乘务组相互介绍；

（2）确认所有乘务员持有有效的证件及《客舱乘务员手册》；

（3）提供飞行信息，如起降地、预计的旅客人数、飞机动态、飞行距离、飞行时间、机组人员情况等；

（4）安全方面的要求，如设备检查、行李控制、出口操作、所有通信系统、安全演示、乘务员站位等；

（5）回顾应急程序与其他安全措施；

（6）各项规定、服务要求等。

二、客舱检查

1.设备检查

（1）客舱乘务员每次登机后，应按照安全设备检查单检查应急设备和客舱设施。

（2）检查安全带/禁止吸烟信号灯设施。

（3）检查旅客座椅背后的安全须知卡、出口座位须知卡是否与该机型匹配，备份须知卡是否在位。

（4）检查飞机电子设备是否良好。

（5）检查应急撤离系统是否完好。

> **注：**
>
> 在任一经停站上，如有新乘务员增加时，该名乘务员必须依据检查单完成对负责区域应急设备的检查。

2.清舱检查

（1）在每一航段旅客登机前和下机后，客舱乘务员都应确认客舱内无飞行无关的人员。任何登机人员必须出示有效的登机证件或许可登机的证明文件。

（2）客舱乘务员应配合安全员在每一航段旅客登机前对驾驶舱、厨房、厕所、行李架、储物柜等位置进行必要的清舱检查，逐一打开所有存储空间，确认客舱各部位无不明性质的外来物。

（3）重新配餐时，客舱乘务员应确认餐车、用具箱无不明性质的外来物，如发现有不能开启的容器或餐具，应报告乘务长。

3. 安全检查

（1）起飞和下降前对客舱和旅客的检查

① 电子设备的电源置于关断状态。

② 旅客就座并系紧安全带、儿童安全带系紧或由成人抱好。

③ 所有无人就座的空座位，应将其座位上的安全带固定好。

④ 行李物品存放妥当，通道、应急出口处不得摆放行李物品；行李架关闭并锁定。

⑤ 小桌板及饮料杯托收直扣好，座椅靠背处于垂直位，脚垫收起。

⑥ 门帘、窗帘打开并固定。

⑦ 录像显示器复位，可伸展至通道的电影屏幕收藏好。

⑧ 窗口遮光板收起。

⑨ 旅客座位上无饮料杯、餐具等杂物。

⑩ 厕所设备和物品固定，无人占用并锁闭。

⑪ 厨房设备和物品固定，电源关闭。

（2）起飞和下降前客舱乘务员自身的检查

① 坐于指定的座位。

② 系紧安全带和肩带。

③ 回想应急情况下的准备措施：

a. 应急设备的位置和使用；

b. 出口位置和使用；

c. 可以协助实施应急撤离程序的旅客；

d. 可能需要帮助撤离的旅客；

e. 复习应急程序。

④ 保持正确安全姿势：

a. 身体坐正，靠好；

b. 双脚平放在地，适度分开；

c. 双手扶膝或双手掌心向下压于大腿下。

⑤ 滑行期间对客舱进行有效监控。

三、飞行机组与客舱机组飞行前的协同工作

为促进飞行机组和客舱机组的团队协作，加强沟通和配合，保证运行安全和服务质量，机长应在起飞前召集所有客舱乘务员、航空安全员/空警（或至少包括乘务长、

各舱位至少一名客舱乘务员和航空安全员/空警),进行飞行机组与客舱机组飞行前讲评。讲评应至少包括下列内容:

(1)机组成员介绍;

(2)天气条件(尤其是对客舱服务可能造成影响的天气条件);

(3)滑行时间和飞行时间;

(4)可能的延误、非正常飞行、特殊航路飞行以及放行的备降机场;

(5)客舱记录本所记录的问题;

(6)客舱安全和保安措施;

(7)飞行关键阶段的程序;

(8)驾驶舱与客舱联系信号及应急撤离的指令;

(9)特殊旅客的服务;

(10)客舱机组的服务需要飞行机组配合的事宜。

四、客舱飞行准备

1.在登机门关闭之前,乘务长应确保完成以下客舱安全工作

(1)安放好手提行李,并锁好行李架;

(2)应急设备已经检查;

(3)厕所内烟雾探测和自动灭火装置已被检查过,确认厕所内设备处于正常状态。

2.在飞机推出之前,乘务长应确保完成以下客舱安全工作

(1)所有滑梯预位并且相互检查;

(2)出口座椅已经确定;

(3)所有行李已经放好,且行李架关好、锁定;

(4)确认所有移动电话、便携式电脑等电子设备已关闭并存放好;

(5)服务车锁好,厨房电源已关闭;

(6)所有旅客坐好。

3.当飞行员给出了起飞信号以后,乘务长应确保完成以下客舱安全工作

(1)所有旅客坐好并系紧安全带,桌板扣好。不到2周岁的儿童可由成年人抱着,但成年人必须系紧安全带,空座位上的安全带已扣好。

(2)客舱已做好起飞准备,如果客舱未准备好起飞,乘务长应立即通知驾驶舱,飞行机组应推迟起飞。

五、个人安全

1. 登机证件

（1）每位乘务员均须佩戴在其值勤期间颁发的登机证件。

（2）不能将登机证件借给他人或以任何方式将其丢失。如丢失了此卡，则必须立即向行政经理或岗位经理报告，在适当的时候，应补发一张新卡。在整个值勤期间或进入需要佩戴登机证件的地方时，须将此卡佩戴在明显易见的位置上。

2. 机组人员的行李安全

（1）所有机组人员的行李通常应带有一个标有机组人员全称的识别标签。行李上要有使用单位地址，不要留家里的地址。

（2）机组人员的行李必须始终有人照看。

（3）机组人员不得接受携带第三者托带的密封包裹和信件。属于机组人员的密封包裹应始终由机上有关的机组人员亲自携带，不应委托给任何其他机组人员。

（4）每位机组人员对其私人行李的装运与安全负责，且应严格遵守如下程序：

① 机组人员行李内物品必须由本人亲自整理；

② 不使用时，应将包锁好；

③ 保护好自己随身携带的所有行李安全；

④ 离开饭店前，确认包中所有属于自己的物品均在其中，并且未被他人动过；

⑤ 在所有公共场所诸如大堂、登机厅、饭店、洗手间或候机楼，应始终看管好个人的行李；

⑥ 不得接受陌生人、同事或熟人委托代为携带的任何物品，包括信件、包裹。

六、旅馆安全须知

（1）不要将自己的房间号告诉陌生人。

（2）机组成员的房间应相对集中。

（3）不要一楼的房间。

（4）如果对旅馆不满意，及时向总台了解客房的情况。

（5）如果住单间，要求服务员送你并要求其代为检查房间。

（6）如果感觉被跟踪或注视，不要再待在房间里。

（7）互相关照，确认每位机组成员均已安全地进入和锁好房间。

（8）进入房间后，挂好门保险。

（9）对任何你不想见的人，都不要开门。如果有陌生人要求进来，向总台打电话要求证明其身份。

(10) 了解最近的消防用紧急出口(太平门/道)。

(11) 不要戴贵重饰物出门。

(12) 不要集中放财物。

(13) 不要将贵重物品留在房间内(如钱包、护照等)。

(14) 当离开旅馆时,带好旅馆的电话号码和地址。

(15) 离开旅馆前通知机组人员有关你的行程计划。

七、确保飞行安全

(1) 查清机上或飞机周围无票人员和无证件者的身份。

(2) 如拒绝出示证件者或不能出示有效的证件者,要注意监视,并通知地面工作人员或执法人员。

(3) 严禁捎、买、带(包括玩具、标本和样品)。

(4) 旅客登机前,注意检查客舱内行李架、通道储藏间、卫生间和厨房及所有有容器、凹槽、可存放物品的间隔处是否有不明物品,如有,通知地面工作人员处理。

(5) 开始登机时,要注意有否异常或可疑的情况或物品。

(6) 注意在航班结束后的清舱工作中,如发现有遗留物品或可疑物,应交地面人员处理。

八、禁区

除有机场方面批准人员陪同外,在这种地区活动时,必须要在外衣上佩戴有效的证件。作为在禁区活动的机组成员,应当做到以下两点:

(1) 在制服外佩戴登机证件,使之清晰可见;

(2) 仅在应该工作的区域内活动。

询问并向地面安全负责人报告无合适证件者。

小结

本节讲述了作为一名客舱乘务员为航班飞行而做的一系列准备工作的具体要求,以及确保飞行安全的相关要求。

? 课后作业

（1）安全检查为何要求旅客调直座椅靠背并打开窗口遮光板？
（2）根据课程所讲述的内容模拟召开准备会。

第三节
飞行工作标准

一、预先准备

客舱乘务员应做到	乘务长还要做到
（1）预先准备应在航班起飞前完成。 （2）接受任务，明确任务性质、直接准备时间和起飞时间，掌握公司要求的通知通告，完成公司要求的报告。 （3）检查飞行包，必须携带的业务资料、手册及各类有效证件齐全有效。 （4）准备好个人携带用品（走时准确的手表、围裙、笔、针线包、化妆品、丝袜等）	了解乘务组员的个人情况

二、直接准备

客舱乘务员应做到	乘务长还要做到
（1）签到前应携带齐全必需的证件、资料和个人用品。如需要佩戴矫正视力眼镜才飞行合格的乘务员，应佩戴矫正视力眼镜，并携带备份镜。 （2）担任兼职安全员的乘务员，根据需要领取安全员工作包，并携带有效证件。 （3）着装、仪容仪表符合公司要求。 （4）准时签到，参加直接准备会。 （5）表示愿意听从乘务长的指令，按程序工作。 （6）所有组员明白其工作位置和安全责任	（1）领取飞行任务书、乘务长工作箱、乘务组护照/通行证（如需）。 （2）确认所携带的证件、资料有效齐全。 （3）向组员表示欢迎。 （4）介绍整个乘务组人员情况。 （5）以身作则，营造出一个积极向上、训练有素的环境气氛。 （6）准备会使用中文普通话，必须表达清晰，有外籍乘务员情况下可使用英语，确保所有组员能听懂。 （7）给组员提问的机会。 （8）提倡团队精神。 （9）了解航班信息，需要时与飞行机组沟通有关飞行信息。 （10）确保乘务人员准时登机

三、上机后

客舱乘务员应做到	乘务长还要做到
（1）按规定，完成飞行前设备检查，一旦发现设备有故障或短缺，及时通报乘务长和地面机务处理（检查设备的有效性，可操作性并易于接近）。 （2）在可封闭空间内，存放好乘务员行李、工作包。 （3）确认厨房用具充足，旅客供应物品已装入飞机。 （4）清点餐食，并通知乘务长，签食品单。 （5）确认客舱、厕所整洁情况。 （6）根据要求参加机组准备会，向飞行机组介绍自己，并了解相关信息。 （7）全部准备工作需在旅客登机前完成	（1）确保飞行前对设备的检查（有效，可操作）。 （2）检查客舱记录本（CLB）的内容，向地面机务或机组通报"CLB"的异常情况，确认排故情况。 （3）进行广播器、撤离、电器等系统测试。 （4）组织乘务组员参加机组准备会，机长根据获得的最新有效的天气报告，向客舱机组告知飞行中可能出现颠簸的时间段及强度。乘务长根据此预报确定和调整乘务组服务工作程序和注意事项，向乘务组传达有关信息及飞行机组对乘务组的要求。 （5）将可能延误起飞的意外事情，通报地面人员和机长。 （6）与食品公司、地面服务部门、现场调度、地面机务、乘务组、飞行机组协调准备工作，确保准时起飞

四、旅客登机前

客舱乘务员应做到	乘务长还要做到
（1）为方便旅客，在登机前，确保行李架在打开位。 （2）确认飞机廊桥、客梯车处于安全状态（客梯车扶手拉到位，廊桥、客梯车的高度适当，冬季没有覆盖冰雪/霜，必要时要求地面人员进行处理）。 （3）对下列区域进行清舱检查，清舱工作完成后报告乘务长。 ① 厨房、客舱、厕所、机组休息室。 ② 应急滑梯、救生筏、救生衣、氧气面罩存放处。 ③ 储物间、衣帽间、行李架。 ④ 乘务员座位、旅客座位。 ⑤ 书报架、储物格。 ⑥ 厕所水池下及周围容器。 ⑦ 烤箱、排水阀、烧水杯、烧水箱及餐车存放处	（1）确认厨房设备完好，食品、供应品检查工作已完成。 （2）清舱工作完成后，报告机长，经机长同意后方可上客。 （3）通知地面人员客舱准备结束。 （4）确认文件到齐

五、旅客登机时

客舱乘务员应做到	乘务长还要做到
（1）确认旅客登机时的乘务员站位。 （2）在客舱内，适时为登机旅客提供帮助。 （3）帮助并向需特殊照顾的旅客做个别简介。 （4）确认出口座位旅客，根据需要简单向旅客介绍出口操作方法及操作前后注意事项，提醒旅客阅读应急出口座位须知卡和安全须知卡，并报告客舱经理/乘务长。 （5）注意旅客登机情况，手提行李及行李摆放，载重限制。 （6）检查手提行李/确保恰当存放好，关上行李架舱门，并锁定。 （7）如手提行李过大过重，通知地面工作人员进行处理。 （8）确认客舱中带婴儿旅客座位上方有充足的氧气面罩分布。 （9）为头等舱、公务舱旅客提供饮料、毛巾、挂衣服等服务。 （10）如时间允许，对所有舱位的旅客提供杂志、枕头、毛毯服务。 （11）起飞前不得向旅客提供牙具袋等物品	（1）打开登机音乐、适时播放预录广播。 （2）登机时，站在登机口迎客，与地面工作人员和驾驶舱保持联系，随时处理在登机时出现的任何问题。 （3）如有任何延误信息及时通知旅客和机组。 （4）旅客在机上，飞机在加油时应确保乘务员均匀分布在客舱各部位，利用广播系统提醒旅客禁烟和禁用手机

六、关闭舱门前

客舱乘务员应做到	乘务长还要做到
（1）确认所有手提行李合理存放，行李架关好，确认出口畅通，并报告乘务长。 （2）安排/确认应急出口座位旅客，完成应急出口旅客评估并报告乘务长。 （3）数客的乘务员确认旅客登机数与舱单上的旅客数相符并报告乘务长。 （4）关门前收藏好门上的安全保护带（如有）	（1）对客舱内的手提行李进行确认。 （2）报告机长机上一切准备就绪，旅客人数及有关文件到齐，请求关门，得到机长允许后方可关门

七、飞机滑/推出前

客舱乘务员应做到	乘务长还要做到
（1）关门后确认机门已在锁定位，根据指令要求操作滑梯待命（预位），并和乘务长进行确认。 （2）确认旅客均按规定坐好，空座位上的安全带已扣上。 （3）飞机滑/推出前，存放好所有服务用具、供餐物品，包括所有的餐车在固定位锁定，扣好餐车固定搭扣。 （4）对旅客做安全简介。 （5）将空座位上的肩带、安全带固定好，使其不妨碍机组成员执行任务或应急情况下人员的迅速撤离	（1）关机门后，按发出的指令完成滑梯待命（预位）工作。 （2）确认各号位的滑梯待命（预位）后，报告机长

八、飞机滑出

客舱乘务员应做到	乘务长还要做到
（1）飞行关键阶段，不准打扰机组，但如发生紧急情况，仍需及时通报机长。 （2）每个航段须及时做好安全简介或播放安全简介录像，如需要，对旅客做个别简介，包括那些视野受限制的座位上的旅客。 （3）尽快完成客舱安全检查（收回杯子、检查安全带、座椅靠背、小桌板、行李架，打开遮阳板，关闭电子设备电源，存放好屏幕及耳机等），确认厕所内无人，关闭厕所门并上锁，固定好门帘及客舱内松散物品。 （4）及时收回旅客座椅周围的塑料包装纸。 （5）固定好厨房用品，检查锁定装置和刹车装置，并固定乘务员座位附近的装置。 （6）关闭除照明以外的所有厨房电源。 （7）此阶段停止一切与安全无关的客舱服务。 （8）注意驾驶舱情况	（1）确认已及时地做好了安全简介或播放了安全简介录像。 （2）确保旅客不受干扰地接受安全简介。 （3）对全客舱进行检查，确认安全到位

九、起飞前

客舱乘务员应做到	乘务长还要做到
（1）调节客舱灯光（关闭侧灯）。 （2）除执行有关的安全工作外，坐在指定的位置，系紧安全带、肩带，在整个滑行、起飞阶段，保持坐姿。 （3）保持注意驾驶舱情况	（1）客舱完成起飞前各项准备工作后，报告机长客舱起飞前准备完成。 （2）确认完成至少中文的安全须知播放或客舱安全演示。 （3）调节客舱灯光，准备起飞。 （4）当客舱接收到飞机即将起飞的信息、还未完成客舱准备时，应使用内话通知机组，并告知需要完成准备的时间

十、飞行中

客舱乘务员应做到	乘务长还要做到
（1）起飞20分钟或平飞后，按规定的服务程序，以合适的方式，提供航班餐食/饮料服务。 （2）提供机上录像、娱乐、免税品出售服务。 （3）遇飞机颠簸，当安全带信号灯亮后，广播通知旅客系紧安全带或进行客舱安全检查。 （4）定时检查客舱，包括出口、厨房及厕所的安全状况。 （5）始终保持对客舱的监控，提醒在座的旅客系好安全带。 （6）为驾驶舱机组提供餐饮时，应绕过中央操作台，从两侧提送，避免餐饮的溢出和倾翻。 （7）服务中乘务组协调配合。 （8）确保合适的客舱灯光和舒适的客舱温度。 （9）在每次检查厕所卫生、补充厕所用品的同时，检查烟雾探测器的完好状况及废物箱的安全状况。 （10）适时巡视客舱，提供必要的旅客服务，提醒在座的旅客系好安全带。 （11）餐车在客舱内应始终有人看管，不使用时，确保餐车被收藏锁定。 （12）保证驾驶舱门附近区域安全，低于10000英尺[①]（3000米左右）时关注驾驶舱。 （13）用完的餐车、用具箱及时归位固定	（1）起飞20分钟或平飞后，乘务长与机长联络了解当前天气状况，以便客舱机组及时根据实际条件开展或调整服务工作。 （2）指导和检查所指定的服务项目，并按公布的服务程序进行。 （3）确保所有的服务程序按规定时间进行。 （4）根据需要，临时调配乘务员提供服务。 （5）根据需要监督录像节目的播放。 （6）根据需要，及时调整客舱服务项目

① 1英尺＝0.3048米，全书余同。

十一、着陆前

客舱乘务员应做到	乘务长还要做到
（1）落地前30分钟完成所有旅客服务程序。 （2）当下降的"系好安全带"信号灯闪亮应及时进行客舱广播，停止为旅客提供餐食服务，尽快完成客舱安全检查（收回杯子，检查安全带、座椅靠背、小桌板、行李架，打开遮阳板，关闭电子设备电源，存放好屏幕及耳机等），确保厕所内无人，关闭厕所门并上锁，固定好门帘及客舱内松散物品，收回驾驶舱内无法固定的玻璃饮料杯等服务用具。 （3）完成要填写的表格，及时上交。 （4）为特殊旅客提供帮助，归还为旅客保管的衣物（禁运物品除外）。 （5）再次确认出口座位的符合性。 （6）固定好厨房设备，关闭厨房电源，检查锁定装置和刹车装置，合理处理好废弃物，固定乘务员座椅周围的装置。 （7）着陆前/到达前，如有旅客未按规定坐好，并对乘务员的提醒不予理睬的应通知机长。 （8）当飞机下降到低于10000英尺（3000米左右），应遵守"飞行关键阶段"的原则，但如发生应急情况，仍需及时通报机长。 （9）调节客舱灯光（关闭侧窗灯光）。 （10）除执行有关的安全工作外，坐在指定的位置，系紧安全带、肩带，在整个下降、滑行阶段，保持坐姿	（1）明确需要特殊帮助旅客的要求，在需要时，委派乘务员及时服务。 （2）确保需做记录的项目填入CLB，并完成乘务长或机长签名。 （3）确保各类申报单、表格准确填写完毕。 （4）确保客舱机组应不晚于着陆前30分钟完成所有服务程序，并尽快对客舱进行安全检查。完成检查后，乘务长报告飞行机组。 （5）调节客舱灯光（关闭侧窗灯光），准备着陆

十二、着陆后

客舱乘务员应做到	乘务长还要做到
（1）坐在乘务员座位上并系紧全部安全带（执行安全检查任务的乘务员除外）。 （2）在"系好安全带"灯熄灭前，旅客不得离座位。 （3）根据指令解除滑梯待命（预位），并报告乘务长。 （4）如需开启机门，必须得到指令后，请示乘务长可否开门，得到允许后开门。 （5）按要求进行清舱检查，清舱工作完成后报告乘务长	（1）飞机完全停稳，发动机已关车，呼叫全体乘务员。发出所有滑梯解除待命（预位）的指令。 （2）确认各号位滑梯解除待命（预位）。 （3）和机长再次确认待命（预位）解除情况，请示可否开门，得到机长允许，发布允许开门指令。 （4）旅客全部下机后从前往后进行清舱检查，并再次确认所有机门在非待命（预位）状态。 （5）确保所有的设备故障已登记在客舱记录本（或飞机技术记录本）上，完成乘务长或机长签名

十三、经停/到达离机前

客舱乘务员应做到	乘务长还要做到
（1）经停时如需交接，与接班的乘务组做好交接，互通信息；如有旅客在机上的交接，乘务员必须面对面交代清楚。 （2）离机前按需关闭除客舱照明以外的其他电源	确保过站期间飞机上最低人员配备数

十四、航后讲评

客舱乘务员应做到	乘务长还要做到
（1）参加航后讲评会。 （2）对航班中的问题进行讲评总结	（1）组织召开飞行后讲评。 （2）对乘务组的问题及时总结汇报。 （3）填写任务书

第二章 客舱安保

> **学习目标**
>
> 1. 掌握旅客管理的相关要求。
> 2. 掌握机上非法干扰的处置原则与方法。
> 3. 了解反劫机的基本处置原则。

第一节 旅客管理

一、旅客规则

(1)旅客应遵守的民航法规。

(2)旅客的任何不正当行为,客舱乘务员应以公司政策为原则采取积极、适当的处理措施。

(3)客舱乘务员采取的处理措施如被拒绝,则该旅客的不当行为可能会被认为是一种违法行为,遇此情况客舱乘务员应及时报告机长,以寻求适当的法律程序进行处理。

(4)飞行中,如旅客出现任何危险症状、病情加剧或任何影响客舱安全运行的行为,客舱乘务员应及时报告机长。

二、旅客登机许可

（1）凡乘坐公司航班的旅客须持有效客票和印有安全检查许可章的登机牌；

（2）除上述人员外，符合下列条件之一者也可允许登机：

① 持有现行有效的空勤登机证；

② 持有现行有效的机场通行证；

③ 持有中国民用航空局颁发或批准的其他证件；

④ 符合加入机组要求，持有证明其身份的有效证件，并经机长允许。

三、旅客饮用含酒精饮料的限制

（1）除客舱乘务员提供的含酒精饮料外，旅客不得在飞机上饮用其他任何含酒精饮料。

（2）不得允许任何处于醉酒状态的旅客进入飞机。

（3）任何机组人员不得向下列人员提供任何含酒精饮料：

① 其行为表现已喝醉的人，如有明显酒味、语言和/或行为失控的旅客属醉酒旅客；

② 正在护送他人或被护送的人；

③ 在飞机上持有致命或危险性武器的人。

（4）任何人拒绝遵守本条（1）款的规定，或由于醉酒在飞机上引起扰乱事件，客舱乘务员应立即报告机长，视情况可采取限制其人身自由的强制措施。

四、要求更换座位的旅客

（1）为满足飞机起飞、下降时的安全和平衡的要求，旅客在飞机起飞、下降时不得更换座位。

（2）经客舱乘务员允许，旅客在空中可以更换座位，但不能允许不符合条件的旅客坐在出口座位。

（3）特殊旅客要求更换其座位应在始发站直接向地面工作人员提出并获得正式的座位更换许可。

（4）需要舱位升等时，乘务长应按照公司机上升舱的相关规定执行。

（5）客舱乘务员在允许旅客更换其座位时，应考虑到大量旅客跨区域的纵向移动可能会对飞行安全带来的不良影响。

相关链接

飞机不同于一般交通工具，它对重量与平衡的要求十分严格。飞机在飞行中任何的重量移动即使是一个人位置的移动都会带来飞机重心的变化。飞机重量包括静态重量和动态重量。飞机静态重量包括飞机本身的结构重量、执行飞行时应必备的各种物品的重量、燃油重量，这些在飞机起飞前就已经知道。而飞机动态的重量包括旅客、货物、邮件重量。这些只有在飞机起飞前半小时才能准确知道。航空公司载重平衡部门需要的是飞机起飞前的实际重量，飞机的静态重量和动态重量组成了飞机起飞前实际起飞重量。当然也包含旅客重量，而旅客重量是各航空公司运营人规定的标准平均旅客体重（75千克）。

研究表明一个航班上累计增减500千克重量位置的改变（即250千克重量由前舱移向后舱或由后舱移向前舱），会使飞机重心有较大改变，按照国内航空公司旅客标准平均体重计算，大约同时3名以上旅客在飞机上由前向后或由后向前移动都会即刻对飞机的俯仰平衡产生影响。

2010年，一架从刚果首都金沙萨飞往班顿杜机场的飞机，因客舱内突然窜出一条鳄鱼由后向前爬行，使得后排座位旅客瞬间向客舱前部移动，引发客舱混乱，致使飞机失去平衡，在距离降落机场仅仅几百英尺时坠毁，仅一人生还。这是一个典型的旅客在飞机飞行中群体快速移动事故案例。

五、需要特殊帮助的旅客

（1）需要特殊帮助的旅客，包括但不限于：首次乘机者、带婴儿者、不会讲中文者、残疾、精神失常过分兴奋的旅客、老年旅客。

（2）在提供帮助之前，应先询问旅客是否需要提供特殊帮助。

（3）对在厕所内滞留30分钟以上的旅客（可能晕厥），客舱乘务员应引起警觉：

① 客舱乘务员在门外询问旅客的情况；

② 客舱乘务员敲门判断旅客反应；

③ 在询问和敲门都没有反应的情况下，客舱乘务员可由外部开门检查。

（4）地面工作人员应为需特殊帮助的旅客准备一份特殊旅客服务通知单，并将通知单送交该航班乘务长，在登机通知单上应有特殊服务代码，如特殊餐食代码或病残旅客代码。

（5）当旅客登机时，乘务长将该旅客的座位号通知客舱乘务员。如果被分配的座位是出口座位，应通知或反映给地面工作人员进行调查，视情况适当调整该乘客的座位。

（6）着陆前乘务长应将信息报告机长，由飞行机组在落地前联系地面工作人员落实好需特殊帮助的旅客下机后的交接工作。

（7）在旅客的终点站或中转站，乘务长应将需特殊帮助的旅客交地面工作人员。

六、要求占用两个座位的旅客

（1）坐于靠近地板高度出口的座位，但不得坐于出口座位。

（2）如需要，可使用加长安全带。

（3）每段航班都具有两张机票和登机牌。

（4）该旅客应以两人次计算。

七、需要医疗证明的旅客

如乘客属下列之一者，公司应要求其出示有效的医疗证明，经公司同意后方可承运：

（1）出生超过14天的早产婴儿及需用早产婴儿保育箱者。

（2）空中可能有生命危险或要求医疗性护理者。

（3）已知有传染性疾病但已采取必要的措施可以预防者。

（4）怀孕32周（含）以上、36周（含）以下的孕妇。

（5）上述医疗证明必须说明一切应遵守的措施，并在乘机之日前10日内签署。在旅客登机前，地面工作人员应将该医疗证明的其中一份交给乘务长。

八、携带武器的旅客

（1）中华人民共和国严禁公民非法携带武器。

（2）起飞前发现携带武器的旅客

① 起飞前发现携带武器的旅客，应迅速报告乘务长和机长。在相关的机场公安部门到达之前，应将旅客携带的武器临时交由航空安全员保管。

② 机长通知有关部门报告机场公安部门上机处理。

（3）飞行中发现携带武器的旅客

① 飞行中发现携带武器的旅客，应迅速报告乘务长和机长。

② 航空安全员和客舱乘务员应根据机长的指令做好突发事件处置和反劫机的准备。

（4）合法持持枪证携带武器的旅客

① 携带武器乘机人员携带枪支乘机时，应当持有本人持枪证，中办警卫局、公安部警卫局、总政保卫部、军委办公厅警卫局、省（自治区、直辖市）公安厅（局）出具的持枪证明。

② 相关部门应在航前书面通知机长携枪人员的人数、座位号等相关情况。

③ 由本人采取枪弹分离的办法随身携带。

九、偷渡者

（1）以任何形式隐藏于盥洗室、衣帽间、行李箱等分隔舱内的人均被视为偷渡者。

（2）如发现（怀疑为）偷渡者：

① 发生在起飞前，应迅速报告机长并通知有关部门处理。

② 发生在起飞后，应迅速报告机长，提供一切可能的信息，并根据机长的指令采取相应的措施。

十、无签证过境

（1）无签证过境不是犯罪，他只是路过一个他们无签证的国家。

（2）可以无人陪伴旅行。

（3）除非要换飞机，可以在所路过城市不下飞机。

（4）承运人的交接责任

① 离港前，由承运人负责接收和转运无签证过境人员。

② 地面工作人员应证实该旅客具有该国目的地的所有必要条件，装有该文件的信封在航班中应由客舱乘务员保管。

③ 客舱乘务员必须将无签证过境人员的文件袋交给接航班的地面工作人员。

十一、遣返旅客

（1）公司应负责乘坐上航班机，因旅行文件不符或不全而被到达国移民局拒绝入境的遣返人员。

（2）到达地机场办事处的负责人应及时协助处置此类事件。

（3）到达地机场办事处的负责人应制作一份遣返旅客通知单及应备齐有关遣返文件交给机长，经机长同意，并同时报公司保卫部。

（4）空警（安全员）必须对遣返人员全程监管。

（5）如被遣返的旅客不具有暴力倾向，不会因遣返而产生重大利益损失，且自愿返回，那么在到达国移民局的同意下可无须押运，随机回国，但需符合下列条件：

① 每个航班的无押运遣返人员不得超过6人；

② 获得经停、中转和到达地政府的许可，满足经停、中转和到达地政府的要求；

③ 机场站经理应制作一份遣返旅客通知单交给机长，并经机长同意；

④ 机组未减员，且必须由空警（安全员）全程监管。

（6）如果被拒绝入境者和偷渡客有暴力倾向，移民局不同意无押运遣返时，机场站经理应立即书面通报公司保卫部，由保卫部采取安全措施，确定航班带回。机场站应备齐有关遣返的文件。

（7）押运被拒绝入境者和偷渡客应符合下列条件：

① 同一架航空器上不超过3人被押运（当其具有暴力倾向时）。

② 押运人与被押运人的比例至少为3∶1（当其具有暴力倾向时）。

③ 押运人应当着便服。

④ 押运人应尽量会说被押运人的语言，且至少有一人英语流利。

⑤ 保安械具在机上应保持有效的状态。

⑥ 在登机前，必须对其行李和本人进行严格的检查。

⑦ 不可对外泄露押运的信息。

⑧ 被押运人必须被安排在远离驾驶舱的区域，一般情况下，安排在客舱内的最后位置，押运人的座位应紧邻被押运人，且被押运人须始终处于押运人的严密监控之下，上洗手间必须由押运人监视。

⑨ 不可向被押运人提供酒精饮料和任何锋利的餐具；一般情况下，应拘束其行动，如使用手铐等械具。

⑩ 航空器如果备降，押运人必须对被押运人负责，机长应在落地前通知备降地机场当局。机场站经理应书面通知机长被押运人员的登机信息和所在座位。落地后，被押运人应待在机上，如果下机应由押运人联系备降地警方处置。

⑪ 在出发地机场，押运人应与当地移民局做好交接手续，检查遣返文件；到达目的地机场后，押运人应将被押运人移交给到达地边防当局，并做好移交记录。

⑫ 押运组必须确定一名负责人，押运人和被押运人在所有旅客上机前上机，在所有旅客下机后下机。

十二、因个人原因终止旅行的旅客

旅客如因个人原因而决定在起飞前终止旅行，客舱乘务员应向机长汇报，由机长通知地面工作人员将其带下飞机，该旅客的手提行李也要卸下飞机。对于其他经过机场安全检查的机上旅客及行李一般可不再重新进行安全检查，但：

（1）应对终止旅行旅客所在座位的前后至少3排区域（包括行李架、座位下等部位）实施局部清舱，并对该区域前后至少3排的旅客手提行李进行确认。

（2）如发现有无人认领的手提行李，应向机长汇报，并听从机长的安排。如有必要可配合空警（安全员）对客舱实施客舱清舱工作。

小结

本节内容是旅客乘机时应遵守的相关规定，同时也是客舱乘务员履行安全职责的行动指南，严格遵守上述要求能最大程度地保障旅客和客舱乘务员的安全利益。

课后作业

（1）某国际航班，一旅客在客舱乘务员进行免税品销售时购买红葡萄酒一瓶想为同行的朋友庆祝生日，并要求乘务员帮忙开启，乘务员是否应该热心提供服务？

（2）某航班因天气原因延误4小时，一旅客已错过赴目的地开会的时间，决定取消行程，此时客舱乘务员应完成哪些工作？

第二节
非法干扰处置

一、各类扰乱行为的处置措施

1. 扰乱秩序的行为

扰乱秩序的行为主要为：

（1）寻衅滋事，殴打旅客、机组成员；

（2）酗酒滋事；

（3）性骚扰；

（4）破坏公共设施；

（5）盗窃机上物品；

（6）在禁烟区吸烟；

（7）冲击机场；

（8）强行登、占航空器；

（9）违反规定使用手机或者其他禁止使用的电子设备；

（10）强占座位、行李架；

（11）其他危及飞行安全的行为。

《民用航空安全保卫条例》上明令禁止在航空器内打架、酗酒、寻衅滋事，危及飞行安全和扰乱航空器内秩序的其他行为。如果违反了条例规定，应按我国《治安管理处罚条例》处以五天以下刑事拘留、200元以下罚金，依据我国《刑法》相关规定，对于情节严重者应判处5年以下有期徒刑并处罚金，对于造成严重后果的应判处5年以上有期徒刑并处罚金。

2.对各类扰乱行为的处置措施

（1）起飞前机组人员应对以上行为及时制止，如制止无效，立即通知机场公安机关将行为人带离航空器。

（2）飞行中发现酗酒滋事者、性骚扰、争抢座位（行李架）、打架斗殴等行为，应责成其同行者予以控制。如无同行者或同行者控制不了的，空警（安全员）可报请机长同意，对其采取临时管束措施，落地后交机场公安机关处理。

（3）飞行中发生治安案件直接威胁机组、旅客人身安全、飞行安全或无法制止事态发展时，空警（安全员）应报请机长同意对当事人采取临时管束措施。

（4）机上发生此类非法干扰事件时，机组应通过空管部门及时通知降落地机场公安机关做好处理准备。

（5）偷盗、违反规定开启或损坏机上应急救生设备的处置。

2014年12月，由西安飞往三亚的航班降落到三亚凤凰机场没多久，一名男乘客拉下飞机安全门上的把手，导致飞机右侧应急逃生门滑梯被放出，造成约10万元经济损失。该名乘客随后被机场公安带走调查。

2015年1月，某航班抵达重庆落地滑行完毕，一名男性旅客擅自打开应急出口，导致应急滑梯被释放。该名旅客随后被公安部门带走调查，并将追求其经济责任。

① 机上应急救生设备，包括紧急脱离航空器的舱、门、梯等设施，供救生脱险的救生衣、救生艇、灭火器、急救包箱，供报警呼救用的灯、光、电、色等设备物品。

② 对于偷窃、故意损坏应急救生器材设备的，应及时采取措施消除危害，并将行为人及相关证据移交公安机关处理。

案例

  一名从西安乘飞机到广州的旅客因为跟空姐发生口角心生不忿，偷走飞机座位下的三件救生衣，最后被警方查获并处以10天的治安拘留。

③ 对于无意触碰、开启机上应急救生设备的，机组人员应及时制止。未造成后果的，可对行为人进行教育；致使设备损坏、造成严重后果的，机组人员应采取补救措施，并及时收集有关证据，移交公安机关依法处理。

④ 机长应指令机组人员在旅客登机后进行必要的通告和宣传，对机上应急设备进行经常性检查，空警（安全员）要注意及时收集非法行为证据。

（6）在洗手间内吸烟的处置

① 根据规定乘坐中国民航班机，禁止在机上吸烟。凡违反此规定者，机组人员应立即予以制止。

② 要立即检查洗手间，消除火灾隐患。

③ 对不听劝阻者，应收缴其烟具予以暂时扣押，收集证物，并进行必要的证人、证言记录，待飞机降落后，交机场公安机关处理。

二、非法干扰行为处置

1.非法干扰行为的分类

（1）戏言劫机、炸机；

（2）未经许可企图进入驾驶舱；

（3）违反规定不听劝阻；

（4）在客舱洗手间内吸烟；

（5）殴打机组或威胁伤害他人；

（6）谎报险情、危及飞行安全；

（7）未经允许使用电子设备；

（8）盗窃或者故意损坏救生设备；

（9）违反规定开启机上应急救生设备；

（10）其他可能危及飞行安全的行为。

2. 处置原则

（1）确保航空安全，争取飞行正常；

（2）确定性质，区别处置；

（3）及时控制事态，防止矛盾激化；

（4）教育与处罚相结合；

（5）机上控制，地面处理；

（6）空地配合，互相协作。

三、反劫机处置原则

1. 安全第一

处置决策以最大限度地保证国家安全、人机安全为最高原则，必要时可以小的代价避免大的损失。

2. 统一指挥

公司各有关部门必须服从公司处置劫机领导小组的统一指挥。

3. 适时果断处置

抓住时机，果断决策，灵活处置，力争在最短时间内解决，将危害与损失降至最低。

4. 力争地面处置

航空器空中发生劫机、炸机事件时，应力争使航空器降落至地面进行处置。

5. 力争境内处置

境内发生的劫机、炸机事件，应尽量避免在境外处置。

6. 机长有最后处置权

在情况直接危及到人机安全时，机长对航空器的操纵和机上人员的行动有最后决定权。

7. 空地配合，互相协作

航空器空中发生劫机、炸机事件，应充分发挥地面对空中的信息资源、人力和物质的保障作用，有效提高综合指挥和实际处置能力。

小结

本节对机上非法干扰行为处置原则进行了讲解，必须牢记保证国家安全、人机安全是最高原则，如何灵活处置需要在工作中和生活中长期累积和总结人际交往的经验。

课后作业

一旅客声称有爆炸物并意图进入驾驶舱，如果你是当班乘务员会如何处置？

第三章

客舱应急设备

> **学习目标**
>
> 1. 了解、掌握机上氧气系统的分类及使用方法。
> 2. 了解机上火灾分类,掌握各类灭火设备的使用方法。
> 3. 了解机上急救设备的配备,掌握其使用方法。
> 4. 了解机上安全设备的作用,掌握其使用方法。

第一节 氧气系统

一、便携式氧气瓶

便携式氧气瓶,如图3-1所示,其作用是提供急救用氧。

1. 设备检查要求

(1) 在位、数量正确。

(2) 附有独立包装的适配氧气面罩。

(3) 阀门在关断位,压力表指

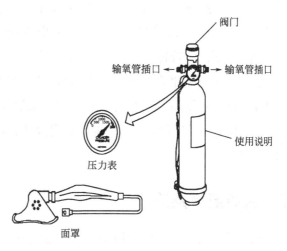

图3-1 便携式氧气瓶

针超过1500磅力/英寸²（psi❶）。

2. 流量

（1）高流量4升/分钟。

（2）低流量2升/分钟。

3. 便携式氧气瓶的供氧时间

容量	持续使用时间	
311升	高流量	78分钟
	低流量	155分钟
120升	高流量	30分钟
	低流量	60分钟

4. 操作

（1）将面罩的输氧管插入插口顺时针转到固定位置。

（2）将开关阀门逆时针缓慢地转动至ON位置。

（3）氧气面罩鼓起后将面罩罩在口鼻处，松紧带套在头上。

（4）监控氧气的使用情况。

5. 警告

（1）操作时手上切勿沾有任何油脂。

（2）若将阀门拧过头，将无氧气流出有可能造成人员伤亡。

6. 注意事项

（1）氧气瓶压力在500磅力/英寸²时停止使用，以剩余应急用氧及设备维护。

（2）在客舱压力正常的情况下，可根据病人情况选择高低两种流量。但是在客舱失压的情况下，应选择4升/分钟的高流量。

（3）氧气瓶使用后，乘务长应填写《客舱记录本》。

（4）氧气瓶使用时，客舱乘务员应在前后4排（3米）的范围内提醒旅客不要吸烟。

（5）在使用氧气瓶时，应确保使用者的皮肤表面及氧气瓶的外表面无可燃污物（如油脂等）。

二、应急氧气系统

应急氧气系统在失压的情况下为客舱提供应急氧气（图3-2）。

---

❶ 1磅力/英寸²（psi）= 6894.76帕，全书余同。

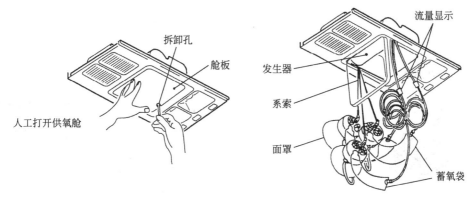

图3-2 应急氧气系统示意

1.说明

应急氧气由化学氧气发生器提供。

2.操作

（1）当客舱高度大约4200米时氧气面罩存储舱板自动打开，面罩脱落。

（2）用力拉下任何一个面罩，氧气发生器即触动，向面罩供氧。

（3）将面罩罩在口鼻处进行正常呼吸。

（4）氧气发生器工作时，流量可达2升/分钟，持续时间不少于12分钟，部分机型的氧气发生器工作时间可达22分钟，氧气不能够被关断。

3.注意事项

（1）氧气发生器组件发热，会增加客舱的温度。

（2）有燃烧的气味和出现烟雾，是正常现象。

（3）如存储舱板不能打开，可用人工开启工具或针状物插入存储舱板上的小孔中，松开存储舱板的开锁机构。

（4）供氧结束后，不得将氧气面罩放回存储舱板内，避免烫伤。

（5）每一组（个）客舱乘务员座椅上方的存储舱板内有2个氧气面罩，盥洗室有2个氧气面罩。

（6）每一排旅客座位上方至少有一个氧气面罩备份。

三、驾驶舱氧气系统

① 在每个驾驶舱机组的座位旁的附件盒中均有一个全面部快速佩戴面罩。

② 安装在面罩上的氧气选择器可为使用者提供混合空气的氧气或纯氧。

驾驶舱氧气系统示意见图3-3。

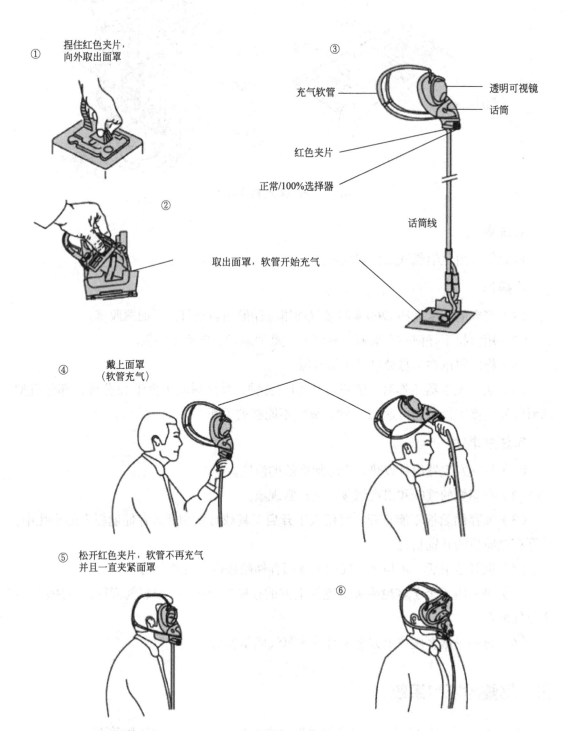

图 3-3　驾驶舱氧气系统示意

第二节 火警设备

一、机上火灾的分类及适用灭火瓶

机上火灾的分类及适用灭火瓶见表3-1。

表3-1 机上火灾的分类及适用灭火瓶

类别	物品	适用的灭火瓶
A.灰烬类 （ASH）	衣服 纸张 行李	水灭火瓶、 海伦灭火瓶
B.可燃性液体类 （BURNABLE LIQUID）	油脂 塑料	海伦灭火瓶
C.电气类 （CURRENT ELECTRICAL）	烤箱 烧水杯 客舱灯具（整流器）	海伦灭火瓶

灭火瓶的型号与数量应适合驾驶舱、客舱、厨房等各部位可能发生的火灾类型。其分布位于上述位置，并标有明显的标示。

二、水灭火瓶

1.说明

用于A类火灾（图3-4）。

2.设备检查要求

（1）在位、数量正确。

（2）铅封完好。

3.操作

（1）解开固定锁带，从支架上取下。

（2）站在距火源2～3米处（如空间允许）。

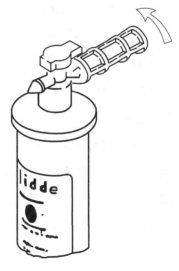

图3-4 水灭火瓶

（3）将手柄向顺时针方向完全转到底（听到咝的一声表示二氧化碳气瓶被刺穿）。

（4）压下释放手柄，对准火焰底部喷射。

4. 注意事项

（1）水中加有防冻剂，不能饮用。

（2）不能用于可燃性液体及电气火警。

（3）水灭火瓶释放时间最大40秒钟，工作范围2～3米。

三、海伦灭火瓶

1. 说明

适用于B类和C类火灾，也可用于A类火灾（图3-5）。

2. 设备检查要求

（1）在位、数量正确。

（2）环形安全销穿过手柄在位。

（3）压力表指示在绿色区域。

（4）喷口无污物。

3. 操作

（1）解开固定锁带，从支架上取下。

（2）保持灭火瓶垂直向上。

（3）拉出环形安全销。

（4）站在距火源2～3米处（如空间允许）。

（5）将喷嘴对准火源底部。

（6）按压操作手柄，快速扫射，直至火焰熄灭。

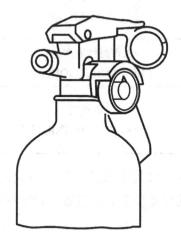

图3-5 海伦灭火瓶

4. 注意事项

（1）灭火剂有微毒，在狭小区域（如盥洗室）使用时操作者应戴上防护式呼吸装置；但在开放空间使用时可直接喷洒人体上的着火。

（2）开始使用时可能火焰猛地增大，保持镇定继续灭火直至确认火被完全熄灭。

（3）灭火瓶可持续释放时间大约为9～12秒钟，最大释放时间15秒钟；工作范围2～3米。

四、自动灭火装置

1.说明

熄灭盥洗室废物箱中的火（图3-6）。

2.位置

位于每个盥洗室废物箱上方。

3.设备检查要求

（1）在位。

（2）温度指示牌上圆点呈灰白色正常。

4.操作

当温度达到约180华氏度时，灭火剂自动喷射。

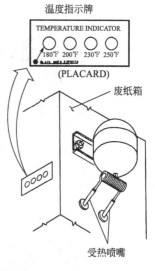

图3-6　自动灭火装置

$x℉（华氏度）=\frac{5}{9}(x-32)℃$

五、防护式呼吸装置

1.目的

（1）客舱火警时使用，防止灭火者吸入烟雾和有毒气体。

（2）当客舱充满烟雾时可提高使用者的能见度。

2.说明

防护式呼吸装置存放在客舱内灭火瓶附近，灭火时使用。

3.设备检查要求

（1）在位、数量正确。

（2）铅封完好或真空包装完好。

4.操作

（1）戴上P.B.E.（protective breathing equipment）步骤　见图3-7。

（2）取下P.B.E.步骤

① 在远离火焰和烟雾的安全处进行。

② 松开调节带。

③ 双手由颈下插入面罩内，向上拉起P.B.E.，取下。

打开P.B.E.储存盒,从盒内取出包装撕去袋口封条

从包装内取出P.B.E.

掌心相对伸入橡胶护颈内,用力向两边撑开,观察窗面向地面从头部套下

将长头发或辫子放入头罩内,将带子在腰间系扣好

向下拉氧气发生器,使P.B.E.开始工作

移动送话器使面罩与口鼻完全吻合

图3-7 戴上P.B.E.步骤

5.注意事项

(1)戴上P.B.E.后,若无氧气流出则取下面罩。

(2)P.B.E.能够提供一名成年男子至少15分钟的供氧时间。

(3)当头部有热感或面罩瘪下、观察窗上有水气和雾气时,说明供氧结束,迅速离开火源,取下P.B.E.。

（4）取下面罩后，因头发内残留有氧气，不要靠近有明火或火焰的地方，要充分抖散头发。

（5）当使用P.B.E.时，客舱乘务员应在使用者周围3米范围内提醒旅客不要吸烟。

（6）在使用P.B.E.时，应确保使用者的皮肤表面及P.B.E.的外表面无可燃污物（如油脂等）。

六、烟雾探测器

1.目的

指示烟雾发生方位（图3-8）。

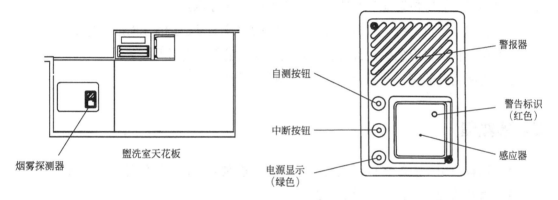

图3-8　烟雾探测器

2.位置

在盥洗室天花板上。

3.设备检查要求

（1）在位。

（2）状态指示灯正常。

4.操作

（1）探测到烟雾时发出高音量的尖叫声。

（2）相应盥洗室外琥珀色灯亮。

（3）消除厕所烟雾。

（4）检查烟雾发出原因。

（5）报告机长，视设备损坏程度锁闭厕所。

第三节
急救设备

一、应急医疗设备的配备及管理要求

（1）应急医疗设备包括：急救箱、应急医疗箱、卫生防疫包及箱（包）内所需的医疗用品和物品。

（2）应急医疗设备应当固定放置于客舱内便于取用的适当位置。其箱体的设计、选用应当具有便于在客舱内放置，并有防尘、防潮和耐挤压的特性。在箱体外表面适当位置及客舱内放置位置应当有符合相关规定的明显标识。

（3）航空公司负责机上应急医疗设备所需的医疗药品、用品和物品的管理。

（4）乘务长负责应急医疗设备在飞行运行期间的管理与使用。

（5）将使用过的医疗器械放回药箱，以便于后续处理。

二、急救箱

（1）急救箱用于对旅客或者机组人员受伤的止血、包扎、固定等应急处理。

（2）急救箱的配备标准　见表3-2。

表3-2　急救箱的配备标准

名称	规格	数量
绷带	5列（3厘米）	5卷
	3列（5厘米）	5卷
敷料（纱布）	10厘米×10厘米	10块
三角巾（带安全别针）		5条
胶布	1厘米、2厘米	各1卷
动脉止血带		1条
外用烧伤药膏		3支
手臂夹板		1副
腿部夹板		1副
医用剪刀		1把
医用橡胶手套		2副

续表

名称	规格	数量
皮肤消毒剂及消毒棉		适量
单向活瓣嘴对嘴复苏面罩		1个
急救箱物品清单及使用说明		1本
紧急医学事件报告单		1本

三、应急医疗箱

（1）应急医疗箱用于对旅客或者机组人员意外受伤或者医学急症的应急医疗处理。

（2）每架飞机在每次载客飞行中均必须配备一个应急医疗箱。

（3）应急医疗箱的配备标准　见表3-3。

表3-3　应急医疗箱的配备标准

名称	数量
血压计	1个
听诊器	1副
人造口咽气道（三种规格）	各1个
静脉止血带	1根
脐带夹	1个
医用口罩	2副
医用橡胶手套	2副
皮肤消毒剂及消毒棉	1袋
体温计（非水银式）	1支
注射器（2.5毫升）	各2支
0.9%氯化钠	250毫升
1：1000肾上腺素单次用量安瓿	2支
马来酸氯苯那敏注射液	2支
硝酸甘油片	10片
阿司匹林口服片	30片
应急医疗箱物品清单及使用说明	各1本
紧急医学事件报告单	1本

四、卫生防疫包

（1）卫生防疫包用于清除客舱内血液、尿液、呕吐物和排泄物等潜在传染性物质，护理可疑传染病病人。

（2）每架飞机所配卫生防疫包的数量不得少于每100个旅客座位1个（100座以内配1个）。

（3）每个卫生防疫包应当能够防尘、防潮。

（4）卫生防疫包的配备标准　见表3-4。

表3-4　卫生防疫包的配备标准

项目	数量
液体、排泄物消毒凝固剂	100克
表面清理消毒片	1～3克
皮肤消毒擦拭纸巾	10块
医用口罩和眼罩	各1副
医用橡胶手套	2副
防渗透橡胶（塑料）围裙	1条
大块吸水纸（毛）巾	2块
便携拾物铲	1套
生物有害物专用垃圾袋	1套
卫生防疫包物品清单及使用说明	1份
紧急医学事件报告单	1本

（5）卫生防疫包的操作步骤：使用卫生防疫包对潜在传染性物质进行消毒处理时，应遵循传染病卫生防护原则，严格按照处理传染性物质及消毒技术规范的程序步骤依次操作（表3-5）。

表3-5　卫生防疫包的操作步骤

步骤	操作程序
1	依次穿戴好医用口罩、防护眼罩、医用橡胶手套和防渗透围裙
2	按1∶（500～1000）浓度将表面清理消毒杀菌片配制成消毒液
3	将消毒凝固剂均匀覆盖于潜在的传染性污物或体液3～5分钟，使其凝胶固化
4	使用便携拾物铲将凝胶固化的污物铲入生物有害物专用垃圾袋中
5	用配好的消毒液对污物污染的物品和污染区域消毒至少两次，每次不少于5分钟，再用清水清洗两遍，并将使用完后的消毒用品放入垃圾袋中

续表

步骤	操作程序
6	依次脱下医用橡胶手套、防渗透围裙后擦手消毒,再依次脱下防护眼罩和医用口罩,再次用皮肤消毒擦拭纸巾擦手及可能接触到污染物的部位
7	将以上疑似被污染的物品和所有使用后的防护用品一并装入生物有害物专用垃圾袋内,密封垃圾袋,并将填写完整的"生物有害垃圾标签"粘贴在垃圾袋封口处
8	将已封闭的生物有害物专用垃圾袋暂时存放于适当位置,避免丢失、破损或对机上餐食造成污染
9	填写"紧急医学事件报告单"
10	通知目的地的地面相关部门做好接收准备,飞机降落后将垃圾袋移交至地面相关部门

第四节 安全设备

一、折叠的客舱乘务员座椅/固定装置

1.说明(见图3-9)

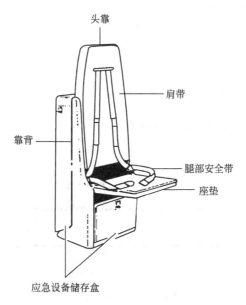

图3-9 折叠的客舱乘务员座椅

第三章 客舱应急设备 053

（1）避免或降低冲击。

（2）折叠座椅下部均有弹簧负载使其成垂直位置并装有固定装置。

（3）在每个带子顶端都装有卷轴肩带，在每个带子靠近腰部都装有金属调节扣，可用来调节与腿部安全带相连的肩带。

2. 设备检查要求

（1）座椅自动复位功能正常。

（2）安全带制动装置功能正常，锁扣匹配。

3. 注意事项

（1）只有指定的机组人员才可以坐在折叠座椅上。

（2）收好安全带，防止带子损坏及紧急情况下阻挡出路。

二、加长安全带

1. 目的

当安全带的长度不够时使用。

2. 操作

连接原来安全带。

3. 注意事项

不可用于客舱乘务员折叠座椅。

三、婴儿安全带

1. 目的

为婴儿提供防冲击的固定装置（见图3-10）。

图3-10 婴儿安全带

2.操作

（1）将旅客座椅上的安全带穿过婴儿安全带上的环扣。

（2）解开安全带时，先解开婴儿安全带，再解成人安全带。

3.注意事项

（1）只适用于不占座的婴儿。

（2）必须与该机型上的旅客座椅安全带相匹配。

（3）不适用于客舱乘务员折叠座椅。

四、充气式安全带

1.说明

充气式安全带是一副配套齐全的充气式安全气囊，基本轮廓和造型与两点式非充气座位安全带一致，区别在于它有一副气囊、一根供气管和激活电路，且电路独立与飞机电源没有连接口。充气式安全带通常位于座位下方不妨碍旅客通行的地方。

2.目的

专为机上特定位置的座椅所设计，在事故中能更好地保护旅客的头部和身体免受重创。

3.操作

（1）受冲击前：入座并扣好安全带的锁扣，使充气式安全带进入工作状态。

（2）受冲击时：如所受冲击超出充气式安全带的承受值，安全气囊将自动充气并弹出，防止旅客因冲击而受伤，并减少因撞击前方而造成关节损伤。

（3）冲击结束后：撞击结束数秒后气囊会完全泄气，方便旅客解除安全带锁扣。

4.注意事项

（1）2周岁（含）以上的旅客均可使用，但超胖旅客及携带婴儿的旅客除外。

（2）孕妇可以坐在装有充气式安全带的座位上，因为该设备能减少对孕妇腹部所造成的压力，比一般的安全带更安全。

（3）充气式安全带的使用方法与普通安全带一样，但在无人就座时锁扣应松开不需扣好。

（4）航前检查如发现充气式安全带已充气，应立即报告乘务长，乘务长应填写《客舱记录本》，并通知机务人员进行修复。

（5）若座位上的充气式安全带失效即视为"该座位无效"，因为一旦安装了该设备，就被视为是座位的一部分。

（6）飞机迫降时，旅客无需改变防冲击姿势，安全气囊均会充气，且不会对人体造成任何伤害，它会以其他姿态展开，旨在对人造成最小的阻力。

（7）只有当飞机遭遇严重冲击时，充气式安全带才会启动。如该座位受到行李、餐车的撞击或是踢踹甚至是颠簸的冲击时，并不会触动并释放气囊。

（8）充气式安全带安装有电池，并由电池独立驱动，与飞机电源没有关联。如飞机电源失效不会影响该设备的使用。

（9）不正确的系法将无法使充气式安全带在紧急情况时启动，如反扣或将不匹配的锁扣和锁片系在一起等。

（10）在起飞前客舱乘务员应向坐于使用充气式安全带座位的旅客介绍充气式安全带的使用要求和相关事项。

五、舱门警示带

（1）打开舱门后，在登机桥等连接设施未到位之前，客舱乘务员应拉上舱门警示带。

（2）关闭舱门前，客舱乘务员应确认舱门警示带已收妥。

本节分类讲解了机上应急设备的作用以及使用方法，应急设备是保障飞行安全的重要组成部分，作为客舱乘务员必须准确掌握其使用方法。

课后作业

（1）回顾机上火灾的分类及适用的灭火瓶。

（2）回顾卫生防疫包的使用方法。

第四章

危险品运输

> **学习目标**
>
> 1. 了解危险品规则的来源以及国内相关规定。
> 2. 了解危险品的分类,并掌握其标签的含义。
> 3. 掌握危险品处置的基本流程。

第一节
危险品规则

一、《危险品规则》的来源

1953 年,IATA[1] 意识到为了航空安全,危险品的航空运输必须受到严格的限制。

1956 年,IATA 印发《限制物品规则》。

1981 年,ICAO[2] 批准了国际民用航空公约附件 18——《危险品的安全航空运输》。该附件规定了缔约国在实施危险品航空运输时应遵循的一般规定,在此基础上 ICAO 编写了《危险品航空安全运输技术细则》,简称《技术细则》。

ICAO《技术细则》列出了详细的安全运输说明。该文件两年发布一次,是各缔约国必须遵守的法律。

IATA 根据《技术细则》制定了《危险品规则》。该规则每年修订一次。规定了比《技术细则》更严格的操作要求,所以更据可操作性。

---

[1] IATA:international air transport association,国际航空运输协会。
[2] ICAO:international civil aviation organization,国际民营航空组织。

二、国内对危险品的监管

国内对危险品运输的监管也在不断加强，法规也在不断完善。主要有：
① 《中华人民共和国民用航空法》；
② 《中华人民共和国民用航空安全保卫条例》；
③ 《危险化学品安全管理条例》。
上述法规和条例都对危险品运输有所涉及。

2006年4月上海市实施了《上海市危险化学品安全管理办法》对危险化学品的管理提出了更严格的要求，其中要求托运人在托运化学品时应向承运人提供"化学品安全技术说明书"；地面运输企业在运输危险化学品时要按规定的道路运输；车辆要装卫星定位系统等。

三、民用航空局的相关规定

局方对航空危险品的运输正在走向正轨。

2004年9月《中国民用航空危险品运输管理规定》即276部开始实施，其中第155款对航空运营人的员工培训提出了要求。

四、机上危险品的限制条款

1.在任何情况下都被禁止空运的危险物品

具有爆炸性或高敏感度的物质在任何情况下都禁止空运。

2.可豁免的禁运危险物品

禁运危险物品并非在任何情况下都禁止航空运输的。在极其紧急，不适用采取其他运输方式或完全遵循规则的要求将与公众利益发生冲突的情况下，政府主管部门可以对某些禁运危险物品进行豁免，即在满足政府相关规定的情况下允许运输。

案例

1996年5月，美国某航空公司的一架DC9飞机从迈阿密机场起飞后10分钟坠毁，机上5名机组成员及105名旅客全部丧命。调查证据表明，该机货舱被装进5箱144个含有危险品的化学氧气发生器及3个飞机轮胎组件，其中一个或者多个氧气发生器发生火灾，导致惨剧的发生。

第二节 危险品分类及标签

一、危险品的定义

危险品是指能危害健康、危及安全、造成财产损失或环境污染,且在《危险品规则》的危险品表中列明,或依据《危险品规则》分类的物品和物质。

二、危险品分类

危险物品种类繁多、性质各异,危险程度也参差不齐,大多数具有多重危险性。为了航空运输的安全和管理的方便,有必要根据各种危险物品的主要特性进行分类。IATA《危险品规则》将危险物品分为九类二十项(表4-1)。

表4-1 IATA《危险品规则》对危险品的分类

类别	危险品种类	项
第1类	爆炸品	1.1 具有整体爆炸危险性的物品和物质
		1.2 具有喷射危险性而无整体爆炸危险性的物品和物质
		1.3 具有起火危险性和轻微的爆炸危险性或轻微的喷射危险性,或两者兼而有之,但无整体爆炸危险性的物品和物质
		1.4 不存在显著危险性的物品和物质
		1.5 具有整体爆炸危险性的非常不敏感物质
		1.6 无整体爆炸危险性的极不敏感物品
第2类	气体	2.1 易燃气体
		2.2 非易燃无毒气体
		2.3 毒性气体
第3类	易燃液体	本类无分项
第4类	易燃固体;易于自燃的物质;遇水释放易燃气体的物质	4.1 易燃固体,自身反应物质和减敏的固体爆炸物
		4.2 易于自燃的物质
		4.3 遇水释放易燃气体的物质
第5类	氧化剂和有机过氧化物	5.1 氧化剂
		5.2 有机过氧化物
第6类	毒性物质和感染性物质	6.1 毒性物质
		6.2 感染性物质
第7类	放射性物质	本类无分项
第8类	腐蚀性物品	本类无分项
第9类	杂项危险品	本类无分项

三、危险品标签

危险品标签见图4-1。

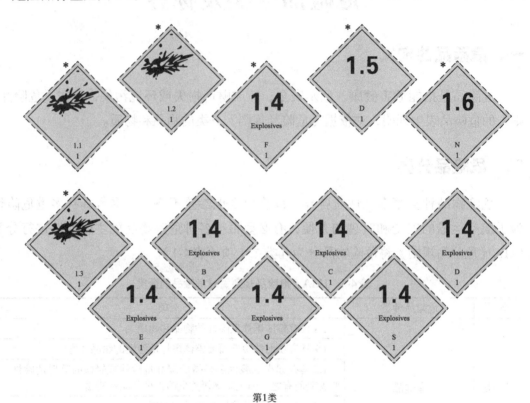

第1类

*危险品爆炸物标签如图所示,其中1.1、1.2、1.3、1.4F、1.5和1.6禁止运输

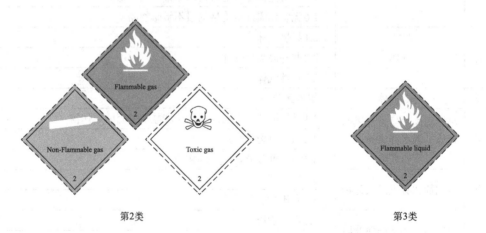

第2类　　　　　　　　　　　　　第3类

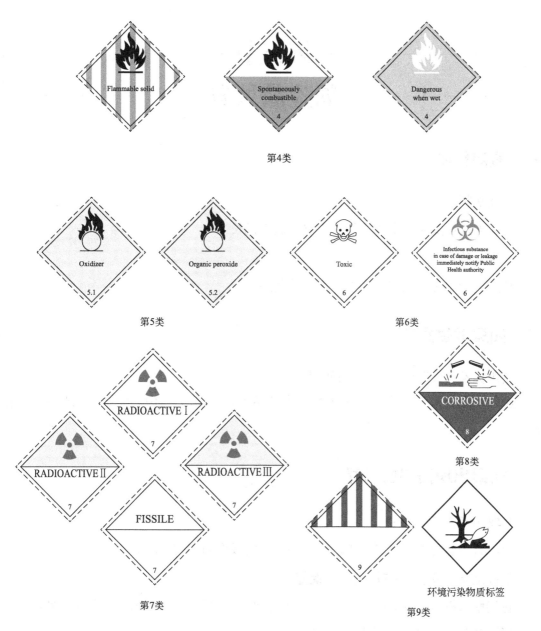

图4-1 危险品标签

第1类：爆炸物；
第2类：易燃气体、非易燃无毒气体、有毒气体；
第3类：易燃液体；
第4类：易燃固体、自燃物质、遇水释放易燃气体物质；
第5类：氧化物和有机过氧化物；
第6类：毒性和感染性物质；
第7类：放射性物质；
第8类：腐蚀性物质；
第9类：杂项危险品

第四章 危险品运输

第三节
危险品处置

一、最初行动

1.通知机长

任何涉及危险品的事故征候都应立刻通知机长。

2.辨认物品

请有关的旅客辨认物品并指出潜在的危险。

二、如果发生火情

使用标准灭火程序/注意水的使用。

必须使用标准应急程序处理火情,当使用水灭火器时,还应考虑电气部件的可能存在。

三、如果出现溢出或渗漏

1.取出有关应急设备

取出有关应急设备或者取出用来处理溢出物或渗漏物的物品。

2.戴上防护手套和防护式呼吸装置

在接触可疑的包装件或物品之前,应对双手加以保护,当处理涉及烟、烟雾或火的事故征候时,应戴上防护式呼吸装置。

3.指导旅客采取防护措施

让处于充满烟或烟雾的环境中的旅客使用湿毛巾或湿布捂住嘴和鼻子。

4.将危险品装入垃圾袋中

将危险品装入垃圾袋中确保装有危险品的容器保持正放或者渗漏的地方朝上。

5.妥善存放好垃圾袋

考虑将箱子或袋子放在后厨房或盥洗室但不要靠在密封隔板或机身壁上。

6.处理被污染的座椅垫或座椅套

采用与存放引起事故征候的危险品相同的方式处理被污染的座椅垫或座椅套。

7.覆盖地毯上的溢出物

地毯被溢出物污染并且虽被覆盖但依然产生烟雾时,应尽可能将其卷起,放入一个垃圾袋中。

8.定期检查存放的物品/被污染的设备

定期检查被撤走和存放起来的或被覆盖的任何危险品、被污染的陈设或设备。

四、对于怀疑为爆炸物的处理

1.寻找可能的援助者(EOD)

用广播询问:请问机上哪位是EOD(EOD——explosive ordnance disposal,爆炸军械处理)人员?

使用英文首字母广播,以防无关旅客的恐慌。

2.不要随便触动该装置

不要打开或试图开启关闭的或隐藏的装置。

3.旅客安排

让所有旅客在座位上坐好,系好安全带,并将座位靠背和小桌板竖直收起。

4.选择关于本架飞机指定的最小风险炸弹位置

选择关于本架飞机指定的最小风险炸弹位置(波音、空客机型均为右后舱门)。

5.关闭附近区域的电源

关闭最小风险炸弹位置附近区域的所有无关紧要的电源。

6.卸下门上滑梯

如果最小风险炸弹位置是在舱门,如有可能应解除滑梯预位并卸下钢瓶,将滑梯平放在地上。

7.移动前做好最小风险炸弹位置的准备

从地板到最小风险炸弹位置中央位置处搭造一个行李平台。

8.定期检查所存放的物品

定期检查被撤走和存放起来的爆炸物。

五、着陆之后

1.向地面工作人员指明危险品的种类及其存放地点

到达以后,采取必要的步骤向地面工作人员指明该物品的种类及存放的地点。

2.在维护日志上做适当记录

在《客舱记录本》上做出记录并向航空公司报告。

> **小结**
>
>   本章着重讲解了机上危险品处置的方法,虽然危险品引发的不安全事件在民用客机上发生的概率极低,但由于其危害极大且处置困难,所以各航空公司对客舱乘务员掌握危险品知识及处置方法都有一定要求。

课后作业

(1)回顾危险品标签9类20项,谈谈你在生活中看到过哪些危险品标签?

(2)通过网络查询与危险品9类20项所对应物质有哪些?

第五章 机组资源管理

> **学习目标**
>
> 1. 了解机组资源管理的背景和发展。
> 2. 了解机组资源管理的概念与目标。
> 3. 了解人为因素如何影响机组资源管理。
> 4. 了解威胁与差错管理的有效方法。
> 5. 掌握提高机组情景意识的途径。

第一节 概述

一、机组资源管理的背景和发展

1.CRM❶的背景

1978年12月28日,美联航173号班机,一架DC-8飞机准备降落波特兰国际机场,机上共有181名乘客,机组人员试图排除起落架存在的一个问题却没有成功,飞机在机场周围盘旋了一个多小时,尽管机上的机械师温和地提醒机长燃油正在迅速减少,然而机长过了很久才开始最终的进近。这架DC-8由于燃油耗尽坠毁在郊区,造成10人死亡。后证明起落架已经放下并锁定,可安全着陆。尽管飞行机械员多次提醒机长可能

---

❶ CRM:crew resource management,机组资源管理。

耗尽燃油，但事故还是发生了。

此后事故报告首次提到机组资源管理，人们开始关注机组原因对民航安全的影响，承运人开始强调对机长的参与管理和其他驾驶舱机组成员的自信方面的训练，提出了在现实条件下在驾驶舱中让机组作为整体受训的重要性。

根据1959～1989年的典型空难统计发现，机组操作失误超过了技术原因，已占到空难事故率的70%以上，针对人为失误，航空工业已展开了对人为因素的研究工作，涉及社会心理学，如沟通、领导、服从、压力下的职责、人际关系和决断力等，而经过证明，这些方面都受各种情况和国家文化背景的影响。

2.CRM 的发展

（1）第一代：驾驶舱资源管理（cockpit resource management） 着重于个性管理风格及人与人之间的沟通技巧方面，主要是为了确保在副驾驶缺乏自信的情况下，机长能接受副驾驶的建议，讲的是驾驶舱里的两个人的事情，所以通常称为"驾驶舱资源管理"。

（2）第二代：机组资源管理（crew resource management） 开始注重团队管理。讲究情景意识和压力管理，讲授错误链，训练机组间的独立决断，增强简令意图，考虑了团队组建方面。把驾驶舱里的两个单纯的人考虑为一个整体，所以开始称为"机组资源管理"。

（3）第三代：高级的机组资源管（advanced crew resource management，ACRM） 再次把机组的范围扩大化了，把客舱乘务员、签派员、机务等与飞行相关的人员涵盖了进来，作为一个系统来进行研究。强调人为因素的评估和教员/检查员的特殊训练，即"高级的机组资源管理"。

（4）第四代：一体化的机组资源管理 又引入了性能数据引导训练工作和机组资源管理专业训练一体化，将机组资源管理程序化，形成了专门的课程主题，包括机组资源管理检查单问题、自动化等，在全模拟飞行任务（LOFT）中加强了人为因素的程式化训练。这时候就生成了"一体化的机组资源管理"。

（5）第五代：差错管理 "人非圣贤，孰能无过"，这句古语揭示了对待错误人们应该持有的态度。意识到CRM的功能应该是管理飞行人员的差错，因此第五代CRM的重点为集中飞行差错管理，CRM又回到了其最初的本质：避免错误。到了第五代"机组资源管理"，才意识到前面的几代机组资源管理讲究的多是概念，认为有了它就可以消灭人为差错，甚至混淆了不少商业的成分在里面，反而把机组资源管理的目的给弱化了，后来重新认识到了它不能完全消除差错，但可以避免造成差错，可以用设计或减弱差错的危害程度来管理差错，所以回到了"差错管理"的概念上来。

（6）第六代：威胁和错误管理模型（threat and error management，TEM） 现在又提出了第六代"机组资源管理"的概念，其着眼于将机组资源管理作为一套防止威胁的对策，出现差错后的应对与管理，及非计划飞行状态的管理。所以现在的CRM叫"威胁与差错管理"。

希望通过讨论和学习，能主动关注差错和威胁，正确应对威胁和防止差错，通过相互间经验的分享，从而提高安全意识，只有安全意识得到提高和重视，才会更好地落实规章和程序，才能进一步提高安全水平。

二、机组资源管理（CRM）的概念

C：CREW，机组（飞行机组、客舱机组、机务维修人员、签派人员、清洁人员、航空食品人员、航空公司的管理人员）。

R：RESOURCES，资源（组员、专业知识、专业技能、规章制度、手册、飞机名称、飞机系列、程序、机上各种设备、时间和相关人员）。

M：MANAGEMENT，管理（协调一切可能运用的资源达到安全、合理的运行）。

CRM讲的就是系统管理。安全系统的管理和安全基础的建设包括：高效的培训、良好的安全文化、值得信赖的报告系统、科学的评估、信息的及时反馈、人性化的激励机制等。当这些系统上的环节和基础建设出现不安全的状态时，只要随着时间的推移，发生不安全的事件是一个不用怀疑的确定概率。

CRM指机组有效地利用所有可以利用的资源（信息、设备，以及人力资源）识别、应对威胁，预防、觉察和改正差错，识别、处置非预期的航空器状态，以达到安全、高效飞行目的的过程。

CRM训练系运用课堂教学、模拟飞行训练、团队活动、案例分析，以及角色扮演等方式促进机组掌握有助于安全、高效飞行的知识，并形成相应的态度和行为模式的过程。

三、机组资源管理训练的目标

（1）帮助受训人员认识、理解影响团队工作表现的因素，以提高受训人员在工作中对这些因素的警觉性。

（2）提高受训人员对"人—机—环"资源的管理能力，例如，威胁与差错管理，沟通、决策、工作负荷管理，确实遵守标准操作程序等，以提升工作效率与飞行安全。

（3）形成正面积极的安全态度和意识，去除消极不安全的态度、行为及做法。

（4）提高安全运行水平。

> **小结**
>
> 本节简单阐述了机组资源管理的发展史，以及机组资源管理的现状，不断提高安全运行水平是机组资源管理训练的目标。

第二节 人为因素对 CRM 的影响

人为因素贯穿于航空活动的始终，在航空器的设计、制造、使用和维护以及运营的各环节中，人为因素都起着主导作用。

一、SHELL 模型

Edwards（1972）发现，所有航空事故不外乎是由人（liveware）、硬件（hardware）、软件（software）和环境（environment）四种因素所组成；以人为中心形成交互关系，有人与人（L-L）、人与硬件（L-H）、人与软件（L-S）、人与环境（L-E）四个界面（图5-1）；以人为中心的航空系统中最脆弱、最容易受到不利因素影响的就是人本身。了解人与其他因素之间的交互影响关系，才能适当预防安全事故的发生。

图5-1 SHELL模型

模型指出了人难以标准化的特点以及人在系统中的处境，如果处于中心地位的操作人员与其他四个界面匹配程度不够，系统内的应力就会过高，最终引起事故。也表明提高人的效能应从提升5个要素本身的品质以及加强4个界面间的匹配程度入手。此外，外围4个要素之间的匹配也不可忽视，管理是极端重要的环节。

1. 人与硬件

主要研究航空从业人员与硬件之间的相互关系，硬件要怎样设计才能符合相关人员的特点，相关人员要怎样操纵硬件才能保障飞行安全等。2008年全球4起重大航空事故中，机上乘客与机组人员全部生还。专家分析说，这除了得益于客机设计与制造融入更多高新技术外，也离不开机组人员职业素养和应变能力的日益提高，显示出航空业在"硬件"和"软件"方面取得的进步。随着飞机制造技术不断发展，商用客机和客舱座位变得更加坚固，机身防火、抗碰撞能力不断提高。除了"硬件"，安全"软件"的升级也是原因之一。过去，航空业从业人员往往只能从以往空难中汲取教训，提高安全意识。如今，地面控制人员能从每次飞行的大量数据记录中获取信息，尽量及早排除飞机故障，以免酿成空难。

2. 人与软件

主要研究合理的操作程序、检查单及应急程序等，以便简化相关程序，减少工作负荷，防止人员出错。

3. 人与环境

此为飞行中最早被注意的界面，主要是采取相应措施适应环境，如飞高原机场带氧气面罩，通过设备调节环境以满足人的需求，如调节客舱压力、座舱温度、较小的下降率等。

4. 人与人

人–人界面是最微妙、也是最重要的一个界面，如果班组成员之间出现裂痕，会影响信息交流与团结协作的质量，而且有可能会造成灾难性的后果。人与人界面的研究更加注重的是领导决策、机组合作、团队精神、交流等。

二、墨菲定律

墨菲定律在1949年由美国空军上尉墨菲提出。墨菲定律指出，凡是有可能搞错的地方，一定会有人搞错，而且以最坏的方式发生在最不利的时机。墨菲定律告诫人们对可能搞错的地方不能掉以轻心、存侥幸心理。因此，凡是有可能搞错的地方都要有有效的防范措施，只有消除了搞错的可能性，事故才可以避免。

墨菲定律告诉我们，容易犯错误是人类与生俱来的弱点，不论科技多发达，事故都会发生。而且我们解决问题的手段越高明，面临的麻烦就越严重。所以，我们在事前应该尽可能想得周到、全面一些，如果真的发生不幸或者损失，就笑着应对吧，关键在于总结所犯的错误，而不是企图掩盖它。

三、Reason模型

英国曼彻斯特大学的李森（Reason）教授曾提出系统安全状况的分层次模型，即Reason模型（乳酪理论）。该模型认为，根据系统的分层次性特点，任何系统都可以根据其自身的属性分成不同层次。不论在哪一个层面上，都存在着许多缺陷或不足（像是被蛀蚀的孔）。这是由于我们对系统各要素认识不足、理解不透而必然造成的。同时，由于系统的动态特性，事物的发展必然带来许多新的问题，这也是存在缺陷之必然所在。然而，有缺陷并不一定爆发事故，只有当缺陷贯穿了各个层面时，事故才得以爆发。同时也说明，不爆发事故，并不能否认缺陷存在的客观性。该模型充分展示了系统安全的思想，更为我们建立系统安全理论奠定了基础。

四、人为影响因素

1.个体因素

（1）个性特征　包括人的气质、能力、人格。具有不同性格特征的人在信息处理过程中的反应方式是不一样的，具体来说，感觉视角、知觉模式、注意弱点、记忆速度、思维方式等都不尽相同，因此我们把在这些过程中人们反映出来的个人不同的特征称之为个性特征。

（2）个体状态　当处在危险情况中时，个体所处的状态不同，对外界刺激的反应也不同，主要包括人的生理状态、心理状态和教育训练水平。

2.群体因素

群体作用的强弱取决于群体意识的强弱。在安全意识较强的群体里，成员大多能保持安全的操作行为；相反，在安全意识薄弱的群体里，成员们为了抢时省力或自我表现，往往倾向于不安全行为而导致失误。群体可以满足个体心理需要、增加勇气和信心，有助于消除单调和疲劳，激发工作动机，提高工作效率，产生助长作用；反之，则产生社会抑制作用。

3.环境因素

飞行运行的很多环境因素都会使人进入疲劳、厌倦以及紧张状态，或分散人的注意力，提高人为差错率。例如过热过冷、气压太高太低或变化太快、噪声过大、湿度过大或过小，频繁的颠簸震动、光线太弱或太强、空气含氧量低、恶劣的天气、飞机故障或不正常、外界各种干扰等。

4.组织管理因素

管理过程对航空安全的影响主要体现在运行、程序、监督三个方面。举例来说，组织上决定加快运行节奏，但它大大超出了监督人员的能力范围，因此监督人员就不得不使用影响员工休息的进度表，或者做出不佳的机组搭配，这就不可避免地增加了系统风险。

5.压力

压力是人类的一种特殊的情绪状态。它是个体通过对自然环境和社会环境（包括个体本身）刺激的认知评价而产生的生理及心理反应，主要表现在出乎意料的紧迫与危险情况下引起的高速而高度紧张的情绪状态。

适当的压力能改善工作，但在巨大的压力下，可能产生态度恶化：具有进攻性，畏缩，惧怕；团队工作将受到损害；心理承受力受到影响，认知力、理解力、决策力下降。

6.疲劳

人在疲劳时，感觉技能弱化，听觉和视觉降低，眼睛运动的正常状态被破坏。随着疲劳的加深，引起心理活动上的变化，人的注意力变得不稳定，范围变小，注意力的转移和分配发生困难。在疲劳过程中，记忆力也变差，创造性和思维能力明显降低，同时反应速度也降低，行动的准确性下降，动作的协调性受到破坏。人的思维和判断的错误增多，因而对潜在事故发生的可能性以及应付方法就考虑不周，甚至出现差错，结果导致事故的发生。

（1）心理性疲劳是因过度的脑力劳动和情绪等心理性因素所引起的心理能量耗竭和工作能力下降的现象。

（2）生理性疲劳则是指出过度的体力劳动和环境等物化因素所引起的生理能量耗竭和工作能力下降的现象。

案例

2008年2月美国内陆客机发生罕见客机"飞过站"事故。夏威夷一架内陆客机竟然飞过目的地后才折返降落。机场控制塔人员曾花近半小时尝试联络机师不果，地面人员怀疑正副机师均在睡觉。客机飞过机场25千米后才开始折返降落。所幸没有发生航空事故。

小结

本节通过引入SHELL模型、墨菲定律、Reason模型来论证，安全并不是不发生操作差错，而是对操作差错的有效管理。系统的防御越深，系统的防护力量层就越多，防护执行力就越有效，控制住操作差错后果的可能性就越大。人为因素最容易导致差错的发生，反之人为因素的差错也是最容易预防、发现、纠正的，这也体现了机组资源管理的重要性。

课后作业

寻找案例中的差错，试分析造成差错的原因。

某航班，机型A320，衔接时已延误1小时30分，关门后因廊桥未撤乘务长未发布机门待命口令。多位旅客询问后续转机问题，乘务长处理旅客问询时飞机开始滑行，乘务组随即进行安检。在安检中乘务长忘记机门待命及与机组确认的工作。飞机在非待命情况下起飞。落地后乘务长发布解除待命，有旅客冲到前门询问转机事宜。乘务长边回答旅客问题，边操作待命把手，把原本没待命的把手放至待命位，2号也做了相同动作。后舱3号发现操作有误，制止了5号的操作动作并内话汇报乘务长："刚才起飞时机门好像没有待命。"乘务长当时没有听清他说话，自认为后舱回答"已解除待命"。接着跟机组确认是否解除待命，机组回答已解除。乘务长用PA广播❶"所有机门解除待命可开门"。廊桥靠上，地服敲门示意开门。乘务长再次向2号确认"我开门了"。2号间隔几位急于下机的四五名旅客，看了一下机门（实际未看到把手）说"可以开门"。乘务长打开了1L门，滑梯包脱落。

---

❶ PA广播：旅客广播，是指整个客舱都可以听到的一种广播方式。

第三节
威胁与差错管理

一、威胁因素对安全的影响

飞行威胁指飞行机组在飞行期间应加以注意和应对的外部情况（如恶劣天气、系统失效、运行压力、拥堵的交通状况、复杂的地形、硬件设备的故障或降级运行、无线电频率遭受干扰、飞机隐蔽、机场活动区标志标识不清晰、机场的不停航施工、相近的航班呼号等），这些情况增加了飞行操作的复杂程度，容易诱发机组出现差错，并在一定程度上影响飞行安全。

案例

波兰总统专机坠毁事件，2010年4月10日波兰总统莱赫·卡钦斯基乘坐图-154客机赴俄罗斯参加卡廷惨案70周年纪念活动，在斯摩棱斯克"北方"军用机场附近飞机失事身亡，共有96人在事故中遇难，其中包括总统夫人及众多波兰高官。

分析

地面指挥中心曾在事故发生前多次向机组人员发出"能见度较低、不宜降落"的警告。而机组成员不顾警告，强行着陆导致了空难。相关人员指出波兰空军指挥官安德烈·布拉泽克在驾驶舱内命令驾驶员不惜一切代价着陆，给机组人员施加了巨大的心理压力。报告称机组成员强行着陆的决定是造成总统专机坠毁的直接原因，并认为俄罗斯空管部门在整个事件中不负有责任。黑匣子所记录信息显示，飞行途中，至少两名非机组人员进入驾驶舱，一些乘客拨打手机、可能干扰导航信号。分析师认为，天气条件恶劣、人为操作失误等因素可能导致坠机。机场空中交通控制中心"两次警告机组人员，机场遭遇大雾，能见度为400米，不具备飞机降落所需条件"。另外，机组人员在执行这次飞行任务前的几天内受到召集，先前未接受定期培训，应对突发状况的经验不足。

二、差错

差错指背离机组意图或预期的机组成员的行为或既定工作的错、忘、漏现象。

（1）差错包括不遵守规章制度、违反标准操作程序和政策，以及背离机组、公司或空中交通管制的指令或要求等。

（2）差错的诱因——威胁。威胁依赖人的识别与关注（见第四节情景意识与飞行安全），错误的发生与纠正只能是人，防止意外状态恶化依靠人，人的问题仍然是TEM框架的中心。

三、人的错误与可靠性

人的可靠性在人机可靠性中占有重要的位置。人固然有不可靠的一面，但是人有思维，有判断能力，有学习能力，人有无限的潜能。通过培训，使潜能不断释放，不但能够自己发现失误，而且能够及时纠正失误；不但能够纠正失误，而且能够发挥创造性，改善和提高整个运行系统的可靠性。这也是人特有的秉性。

由于人不可能任何时候都不犯错误，因此通过TEM的学习，使机组决策和行动更加符合安全飞行实践，从而减少不正常情况的发生，从而达到或实现飞行安全的目的。在威胁与差错管理的理论中，我们发现，威胁与差错管理的目标并非是消除威胁与差错，而是把其危害控制在一个可以接受的范围内，把发生差错的可能性降到最低。它分别界定了威胁、差错、非期望状况的概念，优化了威胁与差错管理的模型，并通过大量详细的实证分析，进一步丰富了威胁与差错管理的框架形式，提出了系统完善的策略。这将有助于民航业从主动控制的角度提升安全效能。

四、威胁与差错管理的有效方法

案例

某航班平飞40分钟后，机长通过内话向头等舱乘务员询问前厨房是否在烤制食物（因驾驶舱闻到煳味）。乘务员确认前厨房烤箱并未工作、客舱也无异味后，将此情况立刻告知乘务长。乘务长立即进入驾驶舱（此时驾驶舱内已有浓重的焦煳味），他发现机长座位左侧窗户下方冒出少量白色烟雾，且焦煳味越来越浓。乘务长在机长的指示下再次进行了客舱检查，确认客舱安全、无异味后再次报告机长；机长决定备降济南机场，乘务长通过内话通知各号位乘务员因驾驶舱出现焦煳味且机长无法判断，机长做出备降决定；同时做好各号位乘务分工（广播员及时广播致歉告之旅客，其他乘务员做好下降前的安全检查及旅客的解释安抚工作），飞机最终安全降落。

（1）有情景意识：评估风险。
（2）避免侥幸心理。
（3）保持冷静，避免过急、冲动、逞能心理：在行动前弄清"怎么了"。
（4）控制时间压力：在可能的情况下适当延长处置过程。
（5）运用程序和规章。
（6）评估方案的可用性。
（7）利用团队力量，有效沟通，达成共识。
（8）重视来自旅客的信息（旅客往往能关注到我们所没有关注到的威胁）。

小结

本节主要通过案例分析讲解威胁与差错对飞行安全造成的影响，有数据显示，在处置特殊情况时，导致不成功的诸多原因中，决策不正确占到了74%。而不正确的决策，通常是因为对实际状况判断和认识错误导致的。为此，一定要认清行为的目的，考虑行为是否得当和可行，尤其要清醒地预见到行为的消极后果，善于利用团队的力量，避免侥幸心理，方能减少差错的发生。

课后作业

1. 试分析哪些原因造成了本节首个案例中的飞行事故？

2. 国外某航空公司的一架双发喷气客机，在夜空中巡航时，机长突然感觉到发动机出现振动并闻到烟味。机长考虑到驾驶舱空气由右发动机提供，并且该发动机曾有过工作状态不稳定的记录，因此在没有认真判断当时发动机仪表和相关参数的情况下，武断地判定右发动机发生了严重故障，随即将其关车。但事实上，是左发动机冒烟起火并有碎物喷出。机长将正常工作的右发动机关闭后，双发失去推力，酿成了一场本可以避免的飞行事故。

第四节
情景意识与飞行安全

一、情景意识

机组在特定的时间段里和特定的情景中对影响飞行和机组的各种因素、各种条件的准确知觉。

情境意识可以比喻成照相机的镜头,有些镜头是广角的,能够拍到更大的情景,其他一些镜头是变焦的,能够看到大画面中单独的一点。要获得情景意识,一定要知道什么时候使用正确的镜头,但是能够使用镜头还是不够的,还必须要知道在不同情况下使用哪些镜头是对的。

情境意识是决策和行动的基础,在工作中情境意识下降或者情境意识不完善将可能导致决策错误,直接引发错误的行动。

由于个人的知识、经验和飞行动机不同,在相同的情景中,不同的机组成员情景意识不同。

机组通过其相互作用(如交流、机长的有效领导等机组行为)获得整个机组对于当前处境的认知及未来飞行状况的预测。机组处境意识不是机组个体情景意识的简单相加。

二、影响情景意识的主要因素

(1)飞行过程是一个不断变化的过程。在飞行中飞行机组所承担的任务数也在不断变化。人的注意力有容量的限制,在工作负荷高的情景中飞行员的注意力将面临挑战。在高工作负荷的情景中(比如在进近和起飞阶段)处境意识最容易发生降低。飞行员在高工作负荷下最容易遗漏某些飞行信息。

(2)机组缺乏有效交流和合理配合协作,是导致处境意识降低的第二大原因。常见的情景是,机组成员同时专注于某项任务而无人观察座舱外的交通情况;或者是机组成员缺乏有效的交流,机长不能有效地从机组成员身上获得有用的信息。

(3)在飞行员疲劳和厌倦的时候。在疲劳的状态下,机组成员的心理活动的水平因此而降低。在知觉的速度、注意的稳定性和灵活性方面有很大的改变。在长时间飞行后,连续的飞行、不良睡眠、时差效应以及身体方面的原因都会使飞行员产生疲劳。

在这样的情景中飞行员的处境意识较通常更容易降低。在以上所列各种情景中，如果机组没有合理的措施往往导致错误判断、错误决策甚至诱发飞行事故。更为可怕的是，各条件往往同时发生，例如在进近中飞行员往往有较高的工作负荷，而此时飞行员又常常处于疲劳状况之中。这样更增加了处境意识降低的可能性。

（4）与既定目标不吻合。在飞行中，当出现不能获得期望的速度或者航向，且又不能做出必要的修正行动时，处境意识将下降。

（5）模棱两可的信息或是语意含混。例如某个信息意思不明确或是来源不同的信息有冲突，如果这些信息没有得到澄清就会导致机组情景意识降低。

（6）不适宜的程序。一般情况下，只要机组使用了不恰当的程序或是非标准的程序就可能使他们的情景意识显著丧失。

三、提高机组情景意识的途径

（1）由于飞行系统和飞行环境越来越复杂，这些变化对机组的知识素养提出了新的要求，只有具备扎实的航空理论知识，机组成员才能够对发生的各种现象做出合理的解释，建立良好的情景意识。

（2）在训练中建立良好的情景意识。通过各种复杂情况的叠加训练，增强应急情况的处置能力，培养正确的情景意识。

（3）利用机组资源管理工具来建立情景意识。利用一切可使用的资源，收集一切可参考的信息，准确分析处境，做出最正确的判断。

（4）避免注意力的分散。

（5）做好计划，合理分工。减轻不必要的工作负担，完成自己能力范围之内的工作。

小结

情景意识的养成并非一朝一夕，扎实的理论基础和充分的训练是建立情景意识的基础，合理利用机上资源更能确保飞行安全。

课后作业

某航班飞行过程中，两名旅客发生斗殴，打斗过程中误伤一名试图劝阻的客舱乘务员，导致其眼角流血不止，两名旅客还试图取出存放在行李架中的灭火瓶作为攻击武器。如果你是该航班的乘务长会如何处置？请结合第二章已学内容。

第六章 客舱应急处置

> **学习目标**
>
> 1. 了解机上火灾的特点，掌握客舱失火的处置方法。
> 2. 了解客舱失压的类型，掌握客舱失压的处置方法。
> 3. 掌握迫降发生时客舱乘务员的应对程序。
> 4. 掌握陆上、水上迫降的不同处置程序。
> 5. 了解野外求生的基本技能及不同环境的应对方法。

第一节 总 则

一、飞行安全

飞行安全是航空运输企业应当承担的首要法律责任。一旦发生空难事故，机组人员则应当将事故所造成的危害降低到最低的限度。

二、空难事故

（1）80%的空难事故发生在起飞后3分钟和落地前的8分钟之内，通常我们将这段时间称为"危险十一分钟"。

（2）在陆地撤离中，许多旅客由于飞机迫降后进一步发生的烟雾和起火，而导致丧生。而在水上撤离中，发生起火是极为罕见的。在飞机中发生的失火和失压的情况，有可能最终会演变成一次紧急撤离。

三、机组职责

成功处置撤离事件的关键在于全体机组人员，尤其是客舱乘务员在机长指挥下完成撤离的能力，这就需要每个机组人员做到以下几项。

（1）明确职责　在各种紧急事件中机组的基本职责都是相同的：
① 防止冲击，使机组和旅客在迫降后生存；
② 撤离飞机，令机组和旅客在迫降后迅速撤离飞机；
③ 维持生存，使迫降中的幸存者获得庇护和救助。
（2）密切配合　机组间应尽力密切配合，引导全体旅客脱离飞机。
（3）寻求帮助　信任你的同伴，在力所不及时寻求他们的帮助。我们也可以让旅客来充当我们的援助者，让援助者协助机组完成撤离。
（4）运用程序　手册中的应急程序，是一种标准程序，它有利于我们提高处置事故的效率。
（5）回顾程序　这样做，会令客舱乘务员更好地自我控制，在处置事故时充分发挥能力。

四、保持警戒

客舱乘务员在实施飞行的全过程中，应始终对可能发生的各种紧急情况保持警戒。这可以使我们尽早地发现问题，充分地估计形势，及时地作出决策，为有可能作出的撤离决定争取更多的准备时间，最终降低撤离所带来的危害。要降低无准备撤离中的伤亡率，提高撤离的速度，就必须做到以下方面。

（1）飞行前认真检查：尤其是对各种应急设备的检查。
（2）起飞前对旅客做安全简介。
（3）起飞和落地前做好（客舱与厨房）的安全检查。
① 起飞前检查，应在飞机滑入跑道前完成。
② 落地前检查，应在下降信号（安全带灯）亮出后尽快完成。
③ 落地前10分钟，客舱乘务员必须就座，并系好安全带。
④ 飞机在进行任何的地面移动时，旅客始终坐好并系上安全带。
⑤ 每次起飞和落地前，客舱乘务员必须回想紧急情况下的准备措施。

a. 紧急设备的位置和使用。

b. 出口位置和使用。

c. 可以帮助实施紧急撤离程序的旅客。

d. 可能需要帮助的旅客。

e. 复习应急程序，静默30秒复查（五项）。

Ⅰ. Brace for Impact——防冲击姿势：客舱乘务员在不同座位上应采取的防冲击姿势。指导不同旅客采取防冲击姿势的口令。

Ⅱ. Panic Control——情绪控制：客舱乘务员自我情绪的控制，控制旅客的情绪。

Ⅲ. Judgement——判断情况：飞机是否处于会导致撤离的最严重情况（起火和烟雾；机体严重破损，发动机周围漏油；机体漏水）；机外是否安全（火、油、烟雾、障碍物、水等的影响）；机门是否失效。

Ⅳ. Coordination——协作配合：帮助同伴一起行动；提示同伴应采取的步骤；思考机组成员间的联络方法。

Ⅴ. Evacuation——组织撤离：回顾撤离的每一个步骤/程序；各种不同情况下的撤离方法（如烟雾、黑暗的环境）；撤离的不同阶段应使用的口令（如防冲击、指挥脱出、客舱检查等）。

五、即时报告

（1）飞行机组人员通常可以凭借丰富的飞行经验、先进的飞行管理系统即时了解飞行运行中发生的各种问题，然而有些情况的出现是飞行机组人员所不能掌握到的，客舱中工作的客舱乘务员却能更早地观察到这些情况。

（2）任何客舱乘务员所注意到的异常情况要即时报告机长。客舱乘务员要记住的是，永远不要低估自己的飞行经验和判断力。如果确实没有把握判定身边所发生的状况是否危及飞行安全，可以将疑惑告诉一起飞行的同伴、乘务长。

（3）飞行中遭遇的这些迹象可能会导致飞机最终采取撤离：

① 客舱失火失控；

② 客舱烟雾过大过浓；

③ 机上有爆炸物品；

④ 发动机失火；

⑤ 机体严重破损；

⑥ 异常声响和撞击；

⑦ 机外失火。

（4）任何一名客舱乘务员发现以上这些迹象后，应即时将这些情况报告机长。

（5）客舱乘务员应当采取以下步骤报告：

① 按压紧急铃（ALERT）或连续打三声铃声以上，通过飞机内话系统向驾驶舱报告；

② 如驾驶舱可接听内话，则将所发生情况的类型、位置和程度向飞行机组报告，并根据机长指示，采取行动；

③ 若驾驶舱无法接听客舱乘务员内话，发现情况的客舱乘务员应当向乘务长报告，并听取其指示；

④ 注意保持与乘务长的联络，一旦情况恶化，立即进行撤离前的准备，直至实施撤离程序。

（6）在实施起飞过程中如驾驶舱收到客舱发出的紧急铃（ALERT）或连续三声铃声以上，飞行机组将会视情况采取中断起飞。

六、应急通信

（1）紧急情况下应保证驾驶舱与客舱的通信是通畅、无误的。

（2）机长在紧急情况下的首要职责是组织撤离，其意图应准确地传达到客舱乘务员处，以便应付各种情况，组织有准备或无准备的迫降。

（3）通知客舱发生紧急情况（如要求客舱乘务员紧急就位）的最佳途径是通过广播来进行。

（4）机组的通信也可以通过各种灯光和声响提示的方式进行。

> **小结**
>
> 危险往往发生在你最没有准备的时刻，通过本节学习让大家了解在工作中需要时刻保持警惕，并做好一切应对突发状况的准备。

课后作业

（1）哪些情况可能会导致最终的撤离？

（2）回顾静默30秒的内容。

第二节 客舱失火

在任何时候机内发生火情或烟雾都是一种威胁,因此机组成员之间保持通信的畅通和协调的配合是必不可少的,请牢记随时将发生的情况告诉给驾驶舱机组人员,并遵守基本灭火程序。

 案例

> 1983年,加拿大航空797航班在飞行途中,飞机尾部的盥洗室冒出浓烟,同时伴有金属丝燃烧的味道。驾驶舱内设备也突然失灵。机长决定采取紧急迫降。整个客舱内充满有毒的烟雾。在机长的努力控制下,飞机终于迫降成功,落地后客舱乘务员迅速打开舱门并且紧急疏散机上旅客。机舱里热浪滚滚,一片漆黑,旅客们在浓重的烟雾中无法判断出口的位置。忽然火焰瞬间吞没了整个客舱,有23名旅客未及时逃离飞机而遇难。

一、预防火灾

提高客舱乘务员的防火意识和警戒,对于可能存在隐患的区域进行定期检查。

1.一般机上火灾的隐患

(1)烤箱内有异物或加热时间过长。

(2)旅客吸氧时。

(3)旅客携有易燃物品。

(4)盥洗室内抽水马桶故障。

(5)客舱内有人吸烟。

(6)货舱内装有易燃的货物。

(7)旅客随身携带的便携式电子设备

2.必要的检查

(1)盥洗室 废物箱盖板(自动收回)、烟雾探测器的情况、自动灭火装置。

(2)厨房 废物箱盖板(自动收回)、烤箱、烧水杯、配电板等电器设备的状况。

（3）客舱　客舱照明灯、对于可能引起火灾物品的监控。

3. 正确存储那些可能引起火灾的物品

为了预防火灾，客舱乘务员要妥善存储可能会引起火灾的物品，例如火柴。对于这些物品，可将其单独放置，尤其不能与助燃、易燃物品放置在一起。

4. 检查烤箱和烤箱通风口

航前检查时，厨房客舱乘务员须检查烤箱是否能正常工作，通风口是否通畅。

5. 严格实施禁烟规定

二、基本灭火程序

1. 在空中

（1）发现火情的客舱乘务员

① 通知就近的客舱乘务员。

② 拿起适用的灭火瓶，立即灭火。

a. 要灭火源的底部，而不是火苗或烟雾。

b. 彻底检查火源，以确保火完全熄灭。

c. 继续在热的表面上喷洒灭火剂或水降温。

（2）接到通知的客舱乘务员

① 观察火情。

② 用就近的广播/内话器报告给驾驶舱机组。

③ 向驾驶舱机组报告的内容：

a. 火源的具体位置；

b. 火焰的颜色、烟雾的浓度和气味；

c. 火势的大小；

d. 对旅客的影响；

e. 客舱乘务员采取的行动。

④ 通知乘务长和全体客舱乘务员起火的方位，请求援助。

⑤ 戴上 P.B.E. 接替未采取保护措施的灭火者灭火。

（3）其他客舱乘务员

① 传递灭火瓶到起火处。

② 移走火源附近的易燃物品。

③ 如果此时闻到煤油、汽油、酒精或化学物品的味道，不要打开或关闭任何电源，

并提醒乘客不要按呼唤铃或阅读灯。

④ 关闭附近电气设备电源，拉出断路保护器（如有）。

⑤ 关闭火源附近的通风孔（如有）。

⑥ 保持驾驶舱门关闭。

⑦ 保持与驾驶舱机组的联络。

⑧ 必要时灭火，否则照顾客舱中的旅客。

⑨ 调整火源区旅客的座位。

⑩ 指挥旅客身体放低，用手或其他布类（衣服、小毛巾、头片）罩住口鼻呼吸，如用湿的更好，避免吸入有毒的气体。

⑪ 不要使用氧气面罩吸氧，因为这类装置不能过滤掉烟雾。

2.在地面

（1）对状况进行评估并且请求帮助。

（2）如需紧急撤离：

① 根据驾驶舱机组的指示而进行撤离；

② 如果驾驶舱没有反应或存在极具威胁性的火情或烟雾，则发出撤离信号；

③ 撤离时确认飞机处于静止状态方可进行。

三、特殊火灾的处理

特殊情况的火灾在机上火警中占的比例较大，客舱乘务员在灭火时除了执行"基本灭火程序"外还应做出如下处置。

1.盥洗室

如果烟雾探测器发出声音，表明盥洗室存在着烟雾或盥洗室起火，应及时做出处置，判断是否有人正在用盥洗室。

（1）如盥洗室内有人在用，试着与之联系。如是吸烟的烟雾造成的烟雾探测器发出声音，则让旅客熄灭香烟，打开门让烟雾从盥洗室内清除掉，解除警报，与该旅客进行沟通，并报告驾驶舱。

（2）手背探温如果门是凉的：

① 取出就近的海伦灭火瓶；

② 小心打开盥洗室的门观察火的位置；

③ 为了压住火焰，可以使用潮湿的毛毯或用海伦灭火瓶对准火源的底部进行灭火；

④ 在灭火成功后，报告驾驶舱并锁住盥洗室。

（3）手背探温如果门是热的：

① 保持门的关闭状态；

② 取出海伦灭火瓶和应急斧；

③ 用应急斧在门或舱板的上方凿个洞；

④ 将灭火剂从洞口喷入，直至喷完；

⑤ 集中其他灭火瓶喷射，直至火被扑灭；

⑥ 在成功灭火后，报告驾驶舱，并锁住盥洗室。

（4）注意事项

① 盥洗室失火应使用海伦灭火瓶；

② 门上的洞口与喷嘴的大小相同，喷完后应封住洞口；

③ 打开盥洗室门时要务必小心，防止氧气突然加入加重火情；

④ 当烟雾从门的四周溢出时，应用毛毯堵住。

2. 厨房设备失火

（1）烤箱失火

① 烤箱失火一般是由于加热时间过长，餐食油脂溢出及错误操作引起。应切断厨房和烤箱电源。

② 关闭烤箱，以消耗氧气和熄灭火焰。

③ 带上防护式呼吸装置（P.B.E.），如火焰扩展到烤箱以外使用海伦灭火瓶进行灭火。

（2）烧水杯火警

① 切断电源。

② 拔下水杯。

③ 如果火不灭，使用海伦灭火瓶。

（3）注意事项

① 电器设备火警首先应切断电源。

② 应用海伦灭火瓶。

③ 不得将水倒入热的水杯内。

（4）荧光灯整流器失火　荧光灯整流器为上侧壁和下侧壁客舱灯提供电流，长时间地使用整流器可能会过热造成具有明显气味的烟雾，整流器失火是短暂的，相对没有危险的，如整流器过热则：

① 通知驾驶舱；

② 关闭照明电源。

3.便携式电子设备起火

便携式电子设备，如笔记本电脑、移动电话和音乐播放器等，均配装有电池，在使用、充电或被挤压在行李包中都有可能起火。电池起火可能散发出烟雾或蹿出几英尺高的火焰，有时即时已扑灭也有复燃的可能。如电子设备开始变热或散发烟雾或产生火焰时，除按基本灭火程序操作外，还应：

（1）拔掉设备上的外部电源（如可能）。

（2）将设备浸泡在水中或其他不可燃的液体中。这样做可以阻止高温传播后点燃其他邻近的电池。充足的液体可以彻底冷却设备。

（3）勿移动起火设备，因为电池可能会再次起火，建议不要触摸或移动起火的设备。

（4）拔掉仍然差在插座上的电源插头，直到确定飞机系统恢复正常程序后。

四、锂电池及锂电池移动电源

案例

2006年2月8日，一架UPS的DC-8货机在向费城机场进近时突然起火，机组成功地控制住了飞机并着陆，然后通过紧急滑梯逃离，飞机被烧毁。原因是载运的锂电池起火。

（1）乘务组在航程中应注意观察、加强巡视，如发现旅客使用锂电池移动电源给电子设备充电，应立即给予制止，并关闭电源。

（2）如果客舱内发生锂电池、锂电池移动电源及同类电子产品冒烟起火情况，除按标准灭火程序执行外，还应：

① 拔掉设备上的外部电源（如可能）。

② 在设备上洒水（或其他不可燃液体）或将设备浸泡在水（或其他不可燃液体）中，使电池芯冷却并防止相邻电池芯起火。这样做可以阻止高温传播后点燃其他邻近

的电池，充足的液体可以彻底冷却设备。

③ 拿到并使用灭火器（如适用首选水灭火瓶）。

④ 如果之前设备已插入电源，则拔掉仍然插在座位插座上的电源插头，直到确定飞机系统恢复正常程序后。

⑤ 持续降温，保持关注，防止复燃。

⑥ 如可能建议将供氧设备移开起火区域。

⑦ 如可能将乘客转移，离开起火区域，注意维持好客舱秩序。

⑧ 保持客舱机组与驾驶舱之间的联系。

五、火势得到控制后

（1）防止死灰复燃。

（2）检查客舱及旅客情况报告给乘务长，由乘务长总结后报告给机长。

① 应急设备使用情况。

② 客舱设备损坏情况。

③ 人员伤亡情况。

（3）做好旅客救治工作。

六、火势失控

（1）报告机长。

（2）控制旅客。

（3）做好撤离的准备工作。

小结

　　本节具体讲解了机上一般火灾和特殊火灾的处置方法，要求完全掌握并能快速做出正确反应。

? 课后作业

小组模拟机上失火，并完整演练处置程序。

第三节 客舱失压

根据物理原理，高度和大气压是成反比的。也就是说，高度越高，压力越小，这就是人们常说的去西部高原地区旅客会随着地势增高而产生高原反应。为确保旅客乘坐飞机的安全与舒适，现代飞机都采用密闭增压客舱。一般来讲，客机的巡航高度基本维持在海拔10000米左右的高空，比珠穆朗玛峰还高，而通过增压系统，客舱里的气压基本保持在2000～2500米海拔高度的气压值，大大增加了旅客乘坐的舒适度。这个在客舱里维持的气压高度又被称为"飞机的客舱高度"。

当飞机因某种原因无法维持客舱高度时，称为客舱失压。

案例

太阳神航空522航班，因为驾驶舱的增压系统开关被放置在手动位，而使系统不能正常工作，在飞行途中发生了失压，机组与所有旅客全部昏迷，最后坠毁，全部遇难。

一、失压类型

1. 缓慢失压

缓慢失压是指逐渐失去客舱压力，可能是由于机门或者应急窗的密封泄漏或因增压系统发生故障而引起的。

2. 快速失压

快速失压是指迅速失去客舱压力，通常指的快速失压是在1分钟内发生的。可能是由于金属疲劳、炸弹爆炸或者武器射击而引起的密封破裂。在极端情况下如飞机上失压的过程是在5秒钟内发生，可以把快速失压归类为爆炸性失压。

二、失压的迹象

1. 缓慢失压

（1）机上人员发困和感到疲劳。

（2）耳朵不舒服，有打嗝和排气的现象。

（3）氧气面罩可能脱落（客舱高度达到4200米时，氧气面罩自动脱落）。

（4）在门和窗的周围可能有光线进入。

2.快速失压

（1）"系好安全带"灯亮（盥洗室内"返回座位"灯不亮）。

（2）有物体在客舱内飘飞，可能出现灰尘。

（3）飞机结构突然损坏，并出现强烈震动，有巨大声响。

（4）冷空气涌入客舱，舱内温度下降。

（5）有很响的气流声及薄水雾或者结霜。

（6）中耳受压、耳膜凸出。

（7）氧气面罩脱落（客舱高度达到4200米时，氧气面罩自动脱落）。

（8）飞机做大角度的紧急下降。

（9）物品被吸向洞口。

三、客舱失压的反应

1.缺氧反应

缺氧可引起人们一系列的不良反应，通常体质越差者反应越明显（见表6-1）。

表6-1　不同高度缺氧引起的症状

高度	症状
海平面	正常
3000米（10000英尺）	头痛、疲劳
4200米（14000英尺）	发困、头痛、视力减弱、肌肉组织相互不协调、指甲发紫、晕厥
5500米（18000英尺）	除上述症状外，记忆力减退、重复同一动作
6700米（22000英尺）	5分钟内出现惊厥、虚脱、昏迷、休克
8500米（28000英尺）	1分钟内立即出现虚脱、昏迷

2.有效知觉时间（T.U.C.）

从失压开始时起直到一个人由于缺氧而未能有效或足够地履行任务的时间阶段称为有效知觉时间（T.U.C.）。影响T.U.C.最为重要的因素是客舱高度（表6-2）。

表6-2 高度对有效知觉时间的影响

高度	有效知觉时间
6700米（22000英尺）	5～10分钟
7620米（25000英尺）	2～5分钟
9140米（30000英尺）	1～2分钟
10670米（35000英尺）	30～50秒
12190米（40000英尺）	18秒
13500米（45000英尺）	15秒

3.失压的处置

失压发生时机组成员之间的通信联络与协调是必不可少的。一旦发生失压飞行机组将广播"请系好安全带，带好氧气面罩，紧急下降、紧急下降"。客舱乘务员应对出现的失压情况马上做出反应。

（1）迅速戴上最近的氧气面罩。

（2）迅速坐在就近的座位上，系好安全带。如没有空座位，则蹲坐在地上，抓住就近的结实结构固定住自己或坐在旅客身上让旅客抱住。

（3）在力所能及的情况下，手势指示旅客，并让旅客遵照执行（对那些未戴面罩的旅客）：

① 指示已经戴上面罩的成年人要协助坐在他们旁边的儿童；

② 指示带儿童旅行的父母应先戴上自己的面罩，然后再协助儿童。

四、到达安全高度后的处置

一旦飞机到达安全高度，并且飞行机组广播宣布"到达安全高度，摘下氧气面罩"后，客舱乘务员应检查客舱和旅客情况。

（1）客舱乘务员进行客舱检查时应使用便携式氧气瓶。

（2）检查盥洗室内有无旅客。

（3）检查客舱内有无火源，提醒旅客不要吸烟。

（4）检查客舱情况，对受伤的机组成员或者旅客进行急救；照顾其他旅客。

（5）为缺氧的旅客或机组成员供氧（使用便携式氧气瓶或空座位上未使用过的化学氧气发生器）。

（6）如在机身的一侧有裂缝，则应重新安置旅客的座位，让他们离开危险区域。

（7）在客舱中走动巡视，提示旅客系好安全带，不要用手触摸已启动的化学氧气发生器，并让旅客消除疑虑。

（8）如有可能，应固定已脱落的氧气面罩，如将面罩放于行李架内并固定。

（9）向机长报告伤员的情况、飞机损坏的程度，以便其做出是否需要紧急撤离的决定。

（10）如有必要做好撤离的准备。

小结

本节讲解了客舱失压的原因及在不同飞行高度发生失压可能造成的后果，着重讲解失压后的处置程序，要求完全掌握并能快速做出正确反应。

课后作业

小组模拟飞机失压，并完整演练处置程序。

第四节 飞机迫降

一、有准备的迫降

在有准备的迫降事件中，通常有时间让飞机、机组和机场做准备，客舱乘务员也会有时间做客舱准备，并进行应急情况广播，以便对旅客进行必要的简介。

有准备的迫降可以发生在陆地上，也可能在水上进行。水上迫降是指飞机在有控制的状况下，在水中进行着陆。由于迫降不是在陆地上进行的，因此使用漂浮设施对水上迫降而言是至关重要的。

1. 客舱准备要领

客舱准备可能会耗费很多时间，在时间许可内应最大程度做好一切准备，撤离时机组必须携带一切所需备用品。

机组人员必须以镇静的姿态面对旅客,并使所有旅客保持安静,遵守秩序。不论何时一个歇斯底里的人有可能使整个场面出现混乱。客舱乘务员应采取任何必要的措施,使他/她保持安静。

说明:对于机上有失能的客舱机组人员,乘务长要及时予以调整,以保证客舱内所有区域均在客舱乘务员的监控之中。

2.沟通与协调

(1)当机长紧急呼叫或广播呼叫"请乘务长到驾驶舱"时,乘务长必须带好笔、纸、手表以及简令纸进入驾驶舱,甚至可强行进入驾驶舱。

① 如时间允许双方必须协调以下内容:

a.紧急情况的性质;

b.准备时间的长短;

c.防冲击命令由谁、以何种方式发出;

d.撤离命令由谁、以何种方式发出;

e.特殊指示(如飞机的状态或天气情况);

f.重复以上信息;

g.对表。

② 如果时间十分仓促(通常指准备时间少于10分钟)机长也可通过内话协调至少以下内容:

a.撤离类型(原因);

b.准备时间;

c.重复以上信息。

(2)乘务长和客舱乘务员之间的协调与沟通 乘务长立即以广播召集或内话呼叫的方式通知全体客舱乘务员。

① 双方必须协调以下内容:

a.传递来自机长的信息;

b.确定客舱准备(包括服务舱和旅客)的计划;

c.明确各人职责,安排准备工作。

② 乘务长还应做到:

a.根据真实情况,做应急情况的乘务长广播;

b.将全部客舱灯光调至100%亮度;

c.确定是有准备的迫降或有时限的迫降(准备时间有限)。

3.有时限的迫降　准备时间有限

乘务长有权决定以何种方式进行客舱准备。

当准备时间少于10分钟时，客舱准备的顺序如下。

（1）固定好客舱/厨房中各类松散物品。

（2）检查座椅靠背和小桌板（包括脚垫）。

（3）发放婴儿救生衣，并协助为婴儿穿上救生衣（仅对水上迫降）。

若有更多时间继续以下项目。

（4）救生衣示范（仅对水上迫降）。

（5）介绍防冲击姿势（可在乘务员座位上进行）。

（6）紧急出口指示（可在乘务员座位上进行）。

（7）选择出口援助者（可在乘务员座位上进行）。

4.有准备的迫降　准备时间充分

在有充分准备时间的情况下：

（1）对职责进行协调，完成准备工作；

（2）根据需要做应急广播；

（3）当对旅客做简介时，打开全部客舱灯光。

5.固定客舱/服务舱的松散物品

（1）检查/固定客舱松散物品

① 检查行李是否存放适当。

② 检查座椅安全带是否在身体低位系紧。

③ 检查座椅靠背是否调直。

④ 检查小桌板、座位上的放像设备与脚踏板是否收起。

（2）固定好服务舱松散物品。

① 固定餐车、用具箱、烤炉、烤格、烧水壶等服务用具，扣好锁扣。

② 将散放在服务舱内的餐盒、饮料等收藏在可封闭的储藏空间内。

6.对旅客进行简介

对旅客做简介可以通过广播或分组演示的形式进行。作为一个乘务组，所有客舱乘务员的工作进度应保持一致。

（1）客舱经理/乘务长广播

① 应在开始客舱准备以前进行，以引起旅客注意。

② 若事先无机长广播时，客舱经理/乘务长在广播中还应该说明：

a.事件真相(如发动机起火、飞机漏油等);

b.即将采取的对策(如陆地迫降或水上迫降)。

(2)收好餐具(如适用的话) 客舱乘务员应将所有餐具、服务用品收藏好,应尽量使用餐车收藏,为节省时间客舱乘务员也可以直接使用垃圾车或垃圾袋收取餐具。所有物品必须放在封闭的空间内(如储藏间、厕所、可封闭的餐车位)并上锁。

(3)固定好座椅靠背和小桌板(包括座位上的放像设备、脚踏板) 要确保所有旅客的座椅靠背处于垂直的位置上,并且扣好小桌板,安装在座位上的放像设备以及脚踏板已收藏好,包括检查、固定客舱与服务舱内的松散物品,关闭各种电器设备。

(4)取下尖锐物品(图6-1)

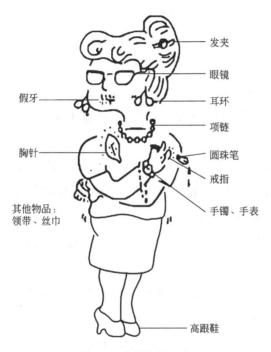

图6-1 尖锐物品示意

① 确保旅客取下诸如:发夹、各种首饰、笔类等尖锐物品。

② 同时还应取下领带、丝巾等物,并让旅客松开衣领。

③ 脱下鞋子

a.陆地迫降时,脱下高跟鞋,其他鞋子不必脱下。

b.水上迫降时,脱下所有鞋子。

c.将脱下的鞋交由客舱乘务员保管,客舱乘务员可用塑胶袋、毛毯等收取。

d.客舱乘务员应将收取的鞋子存放到衣帽间、储藏室或厕所中,但应避免使用门开启方向朝向驾驶舱的储藏空间(包括厕所)。

e.陆地迫降的着陆地点远离机场时,应将鞋子携带下飞机。

④其他物品应让旅客存放在行李内,或用清洁袋包好放在行李架内。

⑤若旅客有衣服(外套、夹克)和手套,应让他们穿戴上。

⑥确认旅客未将任何物品存放在座椅前面的口袋内。

(5)存放好行李物品　确保所有旅客携带的行李物品存放在恰当的位置(如放在前方座椅底下的行李档杆内、行李架内),关闭行李架舱门。

(6)穿上救生衣(仅对水上迫降)

①演示成人救生衣的穿戴方法。

②指示旅客适当地穿上救生衣,确认救生衣没有被套在安全带中。

③对婴儿救生衣的穿法,单独指导。

④确保旅客清楚何时对救生衣充气(不要在客舱内充气,在离开机门口时充气)。

(7)系好安全带

①演示怎样使用座椅安全带。

②要确保所有旅客适当地系好了座椅安全带(安全带应系在身体的低位,并拉紧)。

③提醒旅客协助扣上身边空座上的安全带(客舱乘务员要加以确认)。

(8)演示防冲击姿势　客舱乘务员应在客舱中明显的位置处进行演示(如坐到椅背上或靠在隔板上踩在座位上进行)。

①多数旅客可采取手臂交叉抓住前方椅背,头枕在手背上,双脚用力蹬地的方式[图6-2(a)]。

②如旅客前面没有座位或无法抓到椅背时,可让旅客俯下身抓住脚踝,把头放在两膝之中,两脚用力蹬地[图6-2(b)]。

③如某些旅客无法抓到脚踝,可让他们采用双手抱膝方式[图6-2(c)]。

④对特殊旅客(如孕妇或身材高、肥胖者)做个别简介,让他们双手紧抓座椅扶手,或双手抱头,同时收紧下腭,两腿用力蹬地[图6-2(d)]。

⑤对于双脚不能着地的儿童,可采用将双手压在双膝下,手心向上,弯下腰的方式[图6-2(e)]。

⑥对于带婴儿的旅客可采用以下几种方法。

方法一:在婴儿背部垫上柔软物品,头朝机头方向,用双手托住其颈部,并自己采取"防冲击安全姿势"[图6-2(f)]。

方法二:将婴儿斜抱在怀里,婴儿头部不得与过道同侧,弯下腰俯下身双脚用力蹬地或一手抱紧婴儿、一手抓住前面的椅背,低下头,双脚用力蹬地[图6-2(g)]。

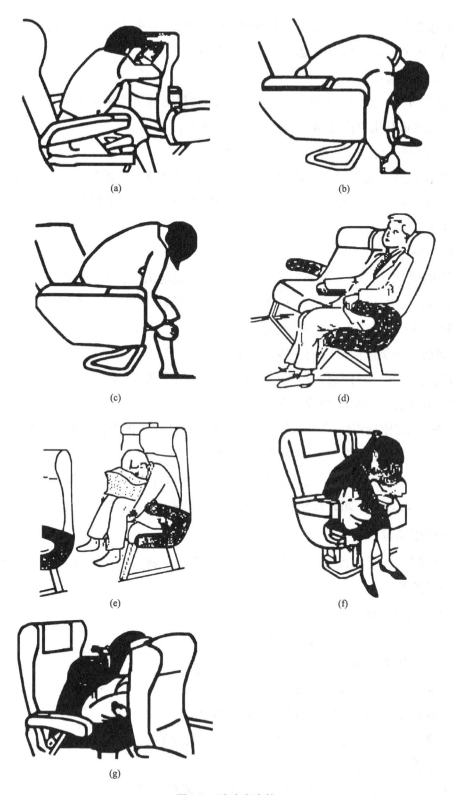

图6-2 防冲击姿势

旅客重复做一次，客舱乘务员逐个检查，并纠正不正确姿式，同时反复强调在飞机接地前一瞬间，双脚用力蹬地，全身紧迫用力。

（9）出口位置指示

① 旅客分布、火情、着陆姿态、救生筏的载量都有可能影响乘务员按客舱撤离区域划分预案来进行出口位置指示与脱出区域的划分。

② 客舱乘务员将旅客分成若干组进行撤离。

③ 每位旅客必须知道区域内的所有出口，并明确两个最近的，以及当这两个出口失效时，另一个较近的出口在什么位置。不要将已经明确的迫降后不能使用的出口作为最近的出口。

向旅客进行介绍：

a.宽体客机中，另一个较近的出口通常是与最近的出口相对的那个。

b.窄体客机中，应将相对的两个出口作为一个最近的出口向旅客说明，当这两个出口失效时，另外较近的出口通常是前/中/后部的另外的出口。

④ 客舱乘务员应向旅客说明应急撤离路径灯的作用：旅客应知道撤离路径灯是用来指示应急出口的，以便旅客在烟雾或黑暗的环境中能找到出口。

（10）指示旅客阅读安全说明书

① 提醒旅客使用座位前的《安全须知卡》来确认在飞机上任何有关撤离的要领。

② 用提问方式询问旅客：可以使用的出口等。

（11）提示旅客 眼镜、假牙、助听器等尖锐物品，应让旅客在落地前取下，并存放在易于拿到的地方，如放在外衣口袋内或插在短袜内。

7.选择援助者

（1）使用出口援助者协助客舱乘务员组织撤离 确定机上有以下这些人员，并让他们充当援助者：

① 加入机组人员；

② 航空公司雇员（包括其他航空公司）；

③ 军人、警察、消防员和执法人员。

（2）为每个出口选择3名援助者

① 1名援助者在机上帮助客舱乘务员指挥撤离。

② 另2名援助者首先下机，并在机下协助其他旅客。

（3）让援助者清楚以下职责

① 在飞机刚停稳时，在机门处手挽手挡住涌来的旅客。

② 当客舱乘务员不能开门时帮助打开出口，并具备以下能力：

a. 对火、水、烟雾或障碍物的判断；

b. 开门的方法；

c. 使滑梯或救生筏人工充气的方法；

d. 断开滑梯／救生筏的方法（仅水上迫降）。

8. 做最后准备

在迫降触地或触水以前（约触地或触水前3分钟），当听到飞行机组指令"乘务员做最后检查/准备"时，客舱乘务员应立即完成以下工作。

（1）回规定的座位坐好。

（2）关闭客舱灯光，打开应急灯光：

① 尤其在夜间必须关闭客舱灯光，以帮助旅客适应黑暗的环境；

② 确认应急灯光已打开，确保飞机正常供电断开后，应急灯光系统能正常工作。

（3）通知机长　客舱乘务员应在完成迫降前对旅客的各项简介，以及客舱和厨房检查后，通知乘务长，乘务长应通过内话或进入驾驶舱向机长报告"客舱准备完毕"。

（4）乘务长提示客舱乘务员进行个人准备。

（5）当飞行机组向客舱发出"客舱机组准备（水上）迫降"的指令时，此时不论客舱机组在进行何种工作，都必须回到座位坐好。

9. 客舱乘务员个人准备

（1）取下身上的各类尖锐物品，以及领带与丝巾（松开衣领）。

（2）脱下高跟鞋，并脱掉尼龙丝袜。

（3）弄湿头发，以防被火引燃。

（4）确认手电筒及撤离时应携带的物品的位置（但不要把它从支架上取下）。

（5）在客舱乘务员折叠座椅上坐好，系紧安全带。

（6）做防冲击的准备动作（在接到指令时立即做出防冲击姿势）。

（7）回顾撤离分工并做静默30秒复查（STS）。

10. 防冲击

（1）飞行机组发出防冲击信号——"防冲击，防冲击"时，乘务员应立即采取防冲击姿势。

（2）向旅客发布防冲击口令——"低下头，全身紧迫用力 heads down brace"（中英文不断交替）。

（3）保持防冲击姿势，直到飞机完全停稳。

（4）客舱乘务员的防冲击姿势　客舱乘务员座位有面向驾驶舱与背向驾驶舱之分，应分别采取不同的防冲击动作。

① 背向驾驶舱：两脚蹬地，双手抓住椅垫，后背紧靠椅背，头顶住头靠，全身紧迫用力[图6-3（a）]。

② 面向驾驶舱：两脚蹬地双手抓住椅垫，低下头，收紧下颚，全身紧迫用力。

a. 如肩带有自动紧缩装置时，背靠椅背[图6-3（b）]。

b. 如肩带自动收紧装置失效时，尽量拉出肩带，上身前倾[图6-3（c）]。

③ 如客舱乘务员无法回到客舱乘务员座位：双手撑地，背靠隔板，脑后垫上枕头，屈腿，两脚用力蹬地[图6-3（d）]。

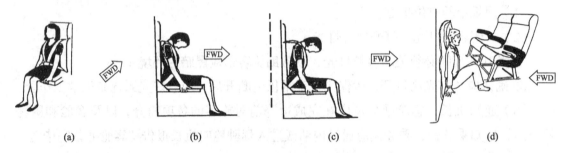

图6-3 客舱乘务员的防冲击姿势

二、无准备的迫降

由于没有时间为无准备的迫降事件做客舱准备，因此客舱乘务员必须在事先做好充分的防范——静默30秒复查，并在出现第一个撞击迹象时做出反应。

1. 防范措施

起飞前的设备检查、对旅客的安全简介，起飞和落地的安全检查、静默30秒复查都是用于防范无准备迫降事件的重要措施。

2. 防冲击

（1）在飞机撞击地面时，采取防冲击姿式。

（2）在整个撞击期间，直到飞机完全停下来为止，向旅客下达以下指令"低下头！全身紧迫用力！Heads down, brace!"（中英文不断交替）。

（3）保持防冲击姿势，直到飞机完全停稳。

（4）飞机停稳后立即打开应急灯光。

三、撤离准备

（1）机长使用PA广播"客舱机组各就各位"。

（2）收到"客舱机组各就各位"指令后，立即解开安全带，控制客舱，口令"镇静，没关系！Keep calm, it's all right！"，稳定客舱情绪（中英文不断交替）。

四、组织撤离/无需撤离

1. 由驾驶舱发起的紧急撤离

飞机停稳后驾驶舱将广播"客舱机组各就各位"，全体客舱乘务员镇静旅客情绪"镇静，没关系！Keep calm, it's all right！"（中英文不断交替）。在驾驶舱发布"撤离、撤离、撤离/水上撤离，水上撤离，水上撤离"指令后，客舱乘务员立即组织实施撤离。

2. 由客舱乘务员发起的紧急撤离

（1）通常情况下客舱乘务员应在机长发布撤离指令后开始实施撤离。如在飞机停稳后30秒内驾驶舱未发布任何指令，乘务长应立即使用一切可能的方式联系或进入驾驶舱，联系未果可由乘务长通过广播发布"撤离、撤离、撤离/水上撤离、水上撤离、水上撤离"指令，实施撤离。

（2）飞机停稳后，只有在以下最严重情况下，客舱乘务员才可以发起应急撤离：
① 机体严重损坏；
② 机上出现烟雾、火灾且无法控制；
③ 水上迫降；
④ 严重燃油泄漏。

3. 撤离指挥

撤离内容见本章第五节相关内容。

4. 无需撤离

当决定不撤离时，客舱乘务员会收到驾驶舱的广播通知。客舱乘务员必须迅速控制客舱中旅客的情绪并大声命令："镇静，没关系，原位坐好！Keep calm, it's all right, remain seated"（中英文不断交替）。

> **小结**
>
> 本节详细讲解无准备迫降和有准备迫降的处置程序，一名合格的客舱乘务员应时刻牢记以上程序及口令，形成条件反射才能在最危急的时刻正确指导和帮助旅客。

课后作业

（1）回顾客舱准备程序。

（2）掌握客舱乘务员的防冲击姿势。

第五节 应急撤离

一、组织撤离——陆上

案例

2013年7月6日，韩亚航空公司一架波音B777客机在美国旧金山机场着陆时，机尾折断引发大火。机组人员和乘客共307人，其中造成2人死亡，180余人受伤，飞机严重损坏，这是一次典型的无准备的陆地应急撤离。

1. 确认出口状况

（1）对机门外的状况进行观察　通过机门上的观察窗或机门旁的客舱舷窗观察，确认出口是否有效、可用。

① 机体结构性损伤、起火、障碍物（如金属残片）、机门处的燃油都有可能导致出口失效。

② 除非已没有更好的选择，否则如果由于浓烟等因素使你无法对状况进行评估时，那么不要冒险打开这个出口。

（2）对迫降的类型进行评估　不同情形可以使用的出口见表6-3。

表6-3　不同情形可以使用的出口

情形	可以使用的出口
起火	与起火出口相对的出口
所有起落架自动收起/折断（机腹着陆）	所有出口
主起落架完全收起/折断（机头高）	较低的应急门/应急窗
前起落架自动收起/折断（机头低）	前部（机翼前缘）的应急门/应急窗

注：1.在收起起落架着陆的情况下，某些机型如果出口离地很接近时在启用出口之前应当解除机门预位。

2.在部分收起起落架着陆的情况下，某些出口因为离地过高，导致滑梯过于陡直而不能正常使用。

2. 打开出口

（1）如果出口可以使用

① 迅速确定出口处于预位状态，并打开出口。

② 在确认出口可正常使用后，指挥旅客撤离。

（2）如确实出口不可以使用

① 试着再次打开它，确定无法使用时，封门并指挥旅客从其他出口撤离。

② 使用以下口令："这个出口不能使用，走那边/向前走/向后走！ This door is not OK, that way/go ahead/go back"（中英文不断交替），重新将旅客引导到另一个可用的出口。

③ 客舱乘务员不应离开已经失效的出口，以防旅客擅自使用该出口。除非附近的有效出口已没有人员指挥，应立即前往那个出口，在确定该出口可以使用的情况下立即打开出口。

3. 确认滑梯状况（例如滑梯角度适当、完全充气）

滑梯状况确认与操作见表6-4。

表6-4 滑梯状况确认与操作

如果……	那么……
滑梯未能自动充气	拉地板上的红色人工充气把手，待滑梯充气后，引导旅客撤离
滑梯未能完全充气，或使用中漏气	如有充分的时间且计划可行时，将滑梯改作软梯使用，并重新引导旅客使用
滑梯完全充气并且处于安全状态	立即引导旅客撤离

4. 指导旅客撤离

在应急撤离期间，请使用手势及口令指示，不要挡住应急撤离路线。

（1）在滑梯充气过程中

① 一手抓住辅助手柄，一手伸直挡住出口。

② 使用以下口令："解开安全带、不要带行李、脱下高跟鞋。Release your seatbelt, no baggage, no high-heeled shoes"（中英文不断交替）。

（2）滑梯充气完毕后

① 迅速面向客舱，退到一侧。

② 立即指挥旅客撤离，使用以下口令："到这里来，跳、滑。Come this way, jump, slide"（中英文不断交替）。

③ 在烟雾环境中撤离时，还必须使用以下口令："保持低姿态，用领口、袖口捂住口鼻。Stay low, cover your nose and mouth"（中英文不断交替）。

④ 在有烟雾的黑暗环境下（应急电源失效）撤离时，立即拿上手电筒，伏下身，打开手电筒，照射附近的地板并来回晃动，同时使用以下口令："朝灯光方向爬过来。Come here, follow the guidance of the light"（中英文不断交替）。

5. 旅客撤离

（1）出口可以使用时

① 指挥旅客撤离，使用以下口令："到这里来，跳、滑。Come this way, jump, slide"（中英文不断交替）。

② 若在机门处有旅客犹豫不动，应用力将其推出门外。当旅客正常撤离时，请不要碰他们。

③ 在翼上应急出口处/外指挥旅客撤离，使用以下口令："跨出去、向后跳、滑。Go across, go back, jump, slide"（中英文不断交替）。

（2）出口不能使用时

① 如果出口不能使用，则挡住出口并重新把旅客引导到其他出口处，并使用以下

口令："这个出口不能使用！走那边/向前走/向后走！ This door is not OK，that way/go ahead/go back"（中英文不断交替）。

② 如果在任何出口有旅客在排队等候，考虑一下时间、可用性和离地距离，重新把旅客引导到一个可以使用且不太拥挤的出口。

（3）使用未充气滑梯作为软梯时

① 派2位援助者先下滑梯。

② 当他们在地面相对站立时，指导援助者抓住滑梯两侧把手，拉出滑梯。

③ 指导援助者与飞机成45度角拉出滑梯。

④ 此时客舱乘务员应指导旅客："坐！滑！"

⑤ 指导另外的援助者在滑梯的底部协助旅客撤离，并让大家远离飞机。

（4）若事先未安排出口援助者时

① 让最前面的一位旅客，站到对面："你跟我一起指挥旅客！"

② 让另外两名旅客："你们两位留在滑梯下面！帮助人们离开！"

6. 机组撤离飞机

（1）按程序要求先下飞机的客舱乘务员应在地面协助旅客撤离，并指挥旅客远离飞机。

（2）要确保所有旅客已经撤离飞机

① 客舱乘务员应确保所负责区域的旅客已完全撤离，然后从就近的出口撤离。

② 旅客撤离完毕后，客舱经理/乘务长应通知机长并协助其对整个客舱做由前至后的全面检查，在与机长确认清舱完毕后从就近的出口撤离。

（3）在检查客舱时，使用以下口令："还有没有人，听到请回答。Any body else"（中英文不断交替）。

（4）全体客舱乘务员撤离时应带上旅客舱单、急救药箱、应急定位发射器、扩音器、手电筒和客舱乘务员手册。如有必要，尽可能多的带上各种必要设备、饮料、食品、毛毯等。

（5）一旦撤离飞机，则不要马上再进入飞机。

7. 应急撤离后——在地面

（1）客舱乘务员必须指挥旅客选择上风侧方向逃离，远离飞机至少100米以外，待发动机完全冷却、渗出的油类挥发后方可返回机内，搜救队较易在那儿发现幸存者。

（2）进行急救，识别并优先处理严重受伤者，归还旅客的鞋子。

（3）将幸存者分成几个组（每组5~25人），带领他们行动并保持平静，领队必须清楚有多少组员，每个组员必须都被安排指定工作。

（4）清点幸存者。

（5）在每个组里，建立互助机制。

（6）如天气恶劣，应建临时掩体。

（7）准备好充分的救援用信号器具。

（8）如果可以返回机舱，应取出机上有用物品如应急设备、食品和水，把滑梯卸下用来搭建掩体。

（9）试着用机载无线电发布求救信号。

（10）求生时不要贸然行事，注意保存体能。

（11）必要时，设一名警卫，看护邮件、包裹或使飞机不受干扰。

二、组织撤离——水上

案例

2009年1月15日下午3时26分全美航空一架A320飞机执行1549次航班从纽约拉瓜迪亚机场起飞，但起飞1分钟左右，机长向机场塔台报告，飞机上两具引擎都遭受鸟击而失去动力，在飞行机组的努力下最终在哈德逊河采取水上迫降。机上146名乘客以及5名机组人员全部获救，被称为"哈德逊河奇迹"。

1.确认出口状况

（1）通过机门上的观察窗或机门旁的客舱舷窗观察机门外的状况。确认出口是否有效、可用。注意结构性损伤、起火的地方，观察出口是否被水淹没或受到阻塞。

（2）对迫降的类型进行评估：如迹象显示飞机可能会很快下沉时，应迅速将救生筏与飞机脱开。

2.打开出口

（1）如果出口可以使用

① 迅速确定出口处于预位状态，并打开出口。

② 在确认出口可正常使用后，指挥旅客撤离。

（2）如确认出口不可以使用

① 试着再次打开它，确定无法使用时，封门并指挥旅客从其他出口撤离。

② 使用以下口令："这个出口不能使用，走那边/向前走/向后走！This door is not OK, that way/go ahead/go back"（中英文不断交替），以重新把旅客引导到另一个可用的出口。

③ 客舱乘务员不应离开已经失效的出口，以防旅客擅自使用该出口。除非附近的有效出口已没有人员指挥，应立即前往那个出口，在确定该出口可以使用的情况下立即打开出口。

3.确认救生筏状况（例如救生筏的载量、是否完全充气）

救生筏状况确认与操作见表6-5。

表6-5 救生筏状况确认与操作

如果……	那么……
救生筏未能自动充气	拉地板上的红色人工充气把手，待救生筏充气后，引导旅客撤离
救生筏不能抛放（出口被堵/水位高于机门口）	将救生筏转移至另一适用处
救生筏完全充气并且处于安全状态	指挥旅客撤离

4.指导旅客撤离

在应急撤离期间，请使用手势及口令指示，不要挡住应急撤离路线。

（1）在救生筏充气过程中

① 一手抓住辅助手柄，一手伸直挡住出口。

② 使用以下口令："解开安全带、不要带行李、脱下鞋。Release your seatbelt, no baggage, no shoes"（中英文不断交替）。

（2）救生筏充气完毕后

① 迅速面向客舱，退到一侧。

② 立即指挥旅客撤离，使用以下口令："到这里来，上筏，救生衣充气。Come this way, on board, inflate your lifevest"（中英文不断交替）。

③ 在烟雾环境中撤离时，还必须使用以下口令："保持低姿态，用领口、袖口捂住口鼻。Stay low, cover your nose and mouth"（中英文不断交替）。

④ 在有烟雾的黑暗环境下（应急电源失效）撤离时，立即拿上手电筒，伏下身打开手电筒，照射附近的地板并来回晃动，同时使用以下口令："朝灯光方向爬过来。Come here, follow the guidance of the light"（中英文不断交替）。

5. 旅客撤离

（1）出口可以使用时

① 使用滑梯/救生筏（通常在机门出口处）

a. 在水上迫降时，最好使用配有滑梯/救生筏的门。试着让旅客直接从飞机登上救生筏，也可让旅客跳入水中并游到救生筏的登船处上船，但是要注意防止溺水和体温过低。

b. 使用以下口令指挥旅客："爬过去，相对坐下，不要站起来！Go ahead, sit down one by one, do not stand up!"

c. 指示旅客相对在船内坐下，以均匀地分布重量并保持坐姿（筏内移动时应爬行）。

d. 在所有旅客都已登筏后，拉出断开手柄，割断系留绳，然后把滑梯/救生筏划到远离飞机的安全地带（不受燃油泄漏或飞机沉没时所引起的漩涡等影响）。

② 使用天花板上的（圆形）救生筏时

a. 需要有3~4个人把救生筏搬到出口处。搬动救生筏包时，绳扣一侧向上，让援助者小心不要将充气把手拉动或钩住，以防止在客舱内充气。

b. 把救生筏连接绳固定到飞机上

Ⅰ. 在机门处：把救生筏的连接绳紧固在机门处的稳固的可连接部位。

Ⅱ. 在应急窗口处：把窗口上/行李架内的脱离绳连接到机翼的连接点上。把救生筏的系留绳系到脱离绳上。

c. 把救生筏投到水中（救生筏外包装不必卸下）。

 注：

在机翼上，把救生筏掷离机翼前缘，以避免被金属件和机翼拉破。

d.猛拉系留绳,使救生筏充气(充气可能需要15~20秒钟的时间)。

e.拉动并使救生筏靠近飞机,但要避开任何尖锐的物品。

f.如有可能,让旅客直接上救生筏,或者让旅客跳入水中并游到救生筏的登筏处上筏。

g.使用以下口令指挥旅客:"分散坐下!不要站起来! Sit down one by one, do not stand up!"

h.指示旅客在筏内分散坐下,以均匀地分配重量并保持坐姿(所有的位置移动都应当采用爬行)。

i.当所有的旅客都已登筏后,割断系留绳并把救生筏划至远离飞机的地带。

③ 使用滑梯作浮板时

a.拉动水上迫降的断开手柄(不连机手柄),从飞机上卸下滑梯。

b.轻轻地抛出滑梯,并且让旅客从飞机上跳入水中。把滑梯正面朝下翻转,应当把受伤的成年人和儿童安置在滑梯之上。所有其他旅客应当待在水中,握住滑梯四周的救生索。

c.断开系留绳,让滑梯从飞机上脱开。

④ 使用应急窗口(无救生筏)时

a.打开窗口。

b.把窗口行李架处的脱离绳连接到机翼的连接点上。

c.指示旅客将撤离绳用作扶手,指挥旅客:"走过去,从机翼后部离开!"

d.指示旅客将脱离绳用作扶手。

e.指示旅客跳入水中并游到救生筏或滑梯/救生筏那里。

(2)飞机迅速下沉时(迅速应急撤离)

① 打开出口,使滑梯/救生筏充气。

② 拉出断开手柄,并断开系留绳使滑梯/救生筏与机身完全分离。

③ 让旅客将救生衣充气后直接上筏,或跳入水中后,由水中登筏。

(3)滑梯/救生筏位置不正(过高或侧倾等)时

① 打开出口,使滑梯/救生筏充气。

② 拉出断开手柄,使滑梯/救生筏与机身分离。

③ 让旅客将救生衣充气后直接上筏,或跳入水中后,由水中登筏。

④ 确保所有旅客已登上救生筏,割断系留绳。

(4)出口不能使用时

①如果出口不能使用，则挡住出口并重新把旅客引导到其他出口处，并使用以下口令："这个出口不能使用！走那边/向前走/向后走！ This door is not OK, that way/go ahead/go back"（中英文不断交替）。

②如果在任何一个出口有旅客等候，应考虑一下时间、可用性和出口高度等影响，重新把旅客引导到一个可以使用且不太拥挤的出口。

③把滑梯/救生筏重新安置到已释放和拆卸了原来救生筏的可使用的门之上。

（5）若事先未安排出口援助者

①让最前面的一位旅客，站到对面，并告知旅客："你跟我一起指挥旅客！"

②让另外两名旅客："你们两位先上筏让旅客爬到船头，相对坐下"（仅在滑梯/救生筏），或"你们两位先上筏协助旅客登船，并让旅客分散坐下"（仅在救生筏）。

6.机组撤离飞机

（1）按程序要求需先下飞机的客舱乘务员应先登上救生筏，并在筏上协助旅客登筏，并安排旅客有序地坐下。

（2）要确保所有旅客已经撤离飞机

①客舱乘务员应确保所负责区域的旅客已完全撤离，然后所负责的出口撤离。

②乘务长应协同机长对整个客舱做全面的检查后，再回到前舱，从1L出口撤离。

（3）在检查客舱时，使用以下口令："还有没有人，听到请回答。Any body else"（中英文不断交替）。

（4）全体客舱乘务员撤离时应带上旅客舱单、急救药箱、应急定位发射器、扩音器、手电筒和客舱乘务员手册。如有必要，应尽可能多的带上各种必要设备、饮料、食品、毛毯等。

（5）一旦撤离飞机，立即割断系留绳，将救生筏与机体完全断开。

7.应急撤离后——在水上

为保存体力使用蛙泳方式。

漂浮时，仰面，用手臂慢慢划水。

（1）救生筏上的管理

①救生筏离飞机不应过远（可目视飞机）。

②搜寻落水者，正确清点人数，保证所有人都已上筏。

③机组成员应是筏上的指挥者，如有可能，将机组成员均匀地分到每个筏上。

④清理筏内积水，堵塞漏洞，固定好所有物品，支好天篷。

⑤ 把小刀、舀水桶等小物件系在筏上。

⑥ 如附近有其他救生筏以7～8米为间隔将筏连在一起。

⑦ 保证充气柱体内的空气充足，但不要过多。白天高温时，放掉点气，夜冷时再补充些气体。

⑧ 不要把小刀、渔具、罐头拉环，以及各种尖锐物品扔在筏的地板上，不要用鞋去蹭筏底或充气柱体。

⑨ 确保筏上的每个人都穿好救生衣，并充气。

⑩ 旅客均匀地分布在筏内，不要坐在船舷上。

⑪ 在筏内需移动位置时，应先告诉周围的旅客。

⑫ 当发现有飞机飞近时，将筏互相拉近，使天篷的颜色更易被识别，如有大浪则不要这样做，否则可能会使筏颠覆。

⑬ 鞋子应在到达陆地后还给旅客。

（2）救生筏上的指挥

① 明确筏上其他每个人的职责，使他们一同参与工作，除非那些受重伤或呼吸困难的人。

② 不论昼夜，每时每刻都应有人值勤。

③ 把值勤者用一根不短于3米的绳系在筏上。

小结

本节详尽讲解了飞机迫降后实施撤离的全部程序，之前第四节的所有准备程序都是为实施撤离铺平道路，此刻客舱乘务员的沉着冷静、迅速有效组织是旅客生还的全部希望。

课后作业

（1）掌握陆上迫降撤离程序。

（2）掌握水上迫降撤离程序。

第六节
野外求生

一、基本原则

在飞机迫降后,幸存者必须面对可能出现的诸如地形和气候之类的困难,从而保全生命,得以生存。为此而采取的一切行动被称为"求生"。

生存的首要条件是具备求生的欲望,求生的知识和技能,以及强健的身体。乘务员必须有能力使自己和其他共同患难者拥有乐观的精神;客舱乘务员应懂得如何获得水、食品、火种、容身之地等生存的必需物品,如何呼救以吸引营救人员,如何在没有援助时获得安全的保护或脱离险境;客舱乘务员还应掌握保存体能的方法,避免和应对疾病与受伤的方法,以便帮助那些比自己更不幸的人们。

求生技能,并不是仅仅指应付空难之类的极端条件,例如:在起飞和下降时系上安全带,这就增加了空难发生时的幸存机会;生活中,过马路时会左右看一下,临睡前检查煤气阀和门窗等,实质上都是在本能地运用求生的技能,我们应该也必须将这些技能变成一种良好的习惯。

在空难发生后的求生过程中,必须牢记以下指导方针。

1. 撤到安全地带

(1)当飞机有起火或爆炸的可能时,必须远离飞机(至少应保持100米)并待在上风向一侧直至危险过去。

(2)为了便于搜救,当危险过去后,可移向飞机的着陆地点。

(3)不要惊慌失措地奔向未知地域,应设法与其他幸存者保持联络。

(4)除非身处毫无遮蔽的空旷地或危险之中,否则没有必要另选安全地带。

(5)不要将山顶或山腰作为避难之所,地势低的地方更易建掩体设施。

(6)不要全体出动去寻找安全地带,应分组行动,不要单干,相互保持联络并做好路标,以便顺利返回。

(7)离开失事地点时应做好标记,以便营救人员寻找。

2. 携带有用物品

(1)尽可能多地带上饮料、食品、毛毯以便更好地抵御进一步的灾难。

（2）带上医疗救护用品，如药箱、急救箱，甚至于氧气瓶。

（3）带上信号器具，如手电筒、麦克风、发报机，以便发布求救信号。

（4）带上旅客舱单，用于确定受伤、死亡、失踪者。

（5）带上客舱乘务员手册，从中获取有关求生的指导方针，且至少纸张是一种很好的引火材料。

（6）如果飞机已无进一步危险，可设法返回机舱获取更多有用物品。

3.救护伤员

（1）应将伤员一起转往安全地带。

（2）区别伤势，展开救护，首先是呼吸困难者，然后依次是大出血、骨折和惊恐者。

（3）如有死者应与生还者分开。死亡会制造恐怖气氛，这样做有利于使幸存者安宁。

4.采取保护措施——建掩体

（1）尽可能利用天然场所和手边的材料来加固和扩充掩体。

（2）身处空旷地带时，可利用装备与飞机残骸，也可利用天然洼地，用浮土加固加高四周作为掩体。

（3）用石块、残骸、树枝、毛毯、滑梯布等制成防风墙。

（4）掩体除可防风、防雨外还应能遮阳。

（5）如有伤势严重不便移动者，应就地建简便掩体。

（6）生火取暖，并利用反光材料，增强热效应，大家聚在一起减少热量散发。

二、求生要素

生存的首要条件就是要有强烈的求生欲望，尽可能地保存体能、具备保持健康与清洁的方法。

1.强烈的求生欲望

（1）充分地预见可能存在的危险和困难局面，并做出行动计划。

（2）经过训练和平时经验的积累，能增强求生的欲望。

（3）保持乐观的情绪，使自己和周围的人能放松下来。

（4）保证身体处于健康状态，有利于增强求生的信心。

（5）尽快适应陌生的环境，并进行心理调节，排除抑郁情绪。

2.保存体能

(1)必须保证有水和食品的供应,但不要为此过分劳累。

(2)不要无目的地走动或大声呼叫,不要做超出能力范围的事。

(3)保暖御寒,防止曝晒,避免身体过冷或过热。

(4)建造掩体,来应付寒风、烈日与风沙的威胁。

(5)避免流汗而导致体内水分流失。

(6)尽量睡觉以减少体能消耗。

3.保持健康与清洁

(1)脚的保护

①行走是求生过程中唯一的交通方法,不要让脚受伤。

②脚受伤后必须立即求助。

③注意保持脚的清洁与温度。

④尽可能地穿上鞋和袜子。

(2)保护眼睛

①使用太阳镜或专用护目镜。

②用布片或树皮保护眼睛,中间留一条狭缝。

③用炭笔涂黑眼睑下方。

④注意保护视网膜,防止雪盲。

⑤防止外伤感染

a.不要揉搓眼睛;

b.避免使用隐形接触镜,没有专用清洁剂时,含在口中用唾液浸润消毒。

(3)个人清洁

①饮食不当,会导致腹泻与呕吐。

②密切注意毒虫叮咬与毒蛇的攻击。

③注意个人清洁(尤其是女士)。

④注意环境清洁,将污物与废物在远离生活区的地方加以掩埋。

三、应对严寒

冬季气温通常在0℃以下,且伴有大风,尤其在极地地区,冬季气温在-60～-50℃,风速有时会在40千米/小时以上,大风会导致实际气温远低于温度计显示的温度。当人身体发颤时,表明体温已开始下降,体温低于30℃是对身体有害的。

在冰天雪地中求生时必须注意以下几点：

① 不要试图在暴风雪来临时迁移。

② 在冰雪融化的季节里注意避开浮冰和陷入沼泽中。

③ 防止跌入冰水中（在冰水中4分钟后会使暴露部分冻僵，7分钟后会丧失意识，15～20分钟死亡）。

④ 避免将身体弄湿或长时间待在潮湿的环境中。

⑤ 寻找或搭建掩体和雪房避开风、雪、冷空气、海浪等（见图6-4）。

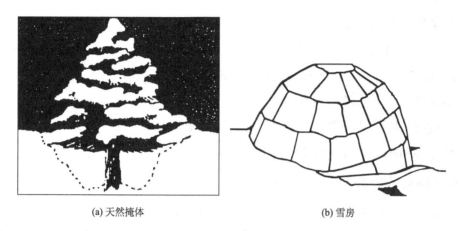

(a) 天然掩体　　　　　　　　　　(b) 雪房

图6-4　各种掩体示意

注意清理环境和个人健康。

① 在体能足够时清理周围环境。

② 饮用热饮或饮酒驱寒。

③ 挤成一团，防止热量失散。

④ 适当做热身运动。

⑤ 防止体温下降、冻伤、足部浸水、一氧化碳中毒。

⑥ 用衣物将身体、手、脚裹起来，尽量穿毛料衣服。

> **注：**
>
> 穿着衣物保暖时，注意COLD（寒冷）一词的寓意。
>
> C—CLEAN　保持清洁。
>
> O—（AVOID）OVERHEAT　避免过热，适当通风。
>
> L—LOOSE　衣服宽松，身体过热时，允许热量散发。
>
> D—DRY　包括内衣和外套的干燥。

四、应对酷暑

夏季气温通常较高,且日照强烈,在赤道附近与亚热带地区还会出现40～50℃的高温,且通常还伴有高湿度的情况(湿度高达80%～90%)。直接在阳光下暴晒,会导致疾病的发生(如日射病、中暑、热消耗、热痉挛等),这会加速体能的消耗,身体脱水或缺水会直接威胁生存。

1.作为预防应注意以下几点

① 尽量穿白色或浅色衣服。
② 戴上遮阳帽/罩,防止阳光直射。
③ 白天注意休息(不要坐在热腾腾的地面上)。
④ 搭建掩体,或在树阴下休息。
⑤ 尽量把工作安排在夜间,不要图快,慢慢做事。
⑥ 尽量多喝水,适当补充盐分。

2.作为健康防护还应注意以下几点

① 不要光脚,以免受到水蛭、沙蚤和蜈蚣的攻击。
② 点上火堆,并弄出烟来(任何湿的材料燃烧时都会有烟),这样可以驱赶蚊子和飞虫。
③ 不到休息时,不要脱掉湿衣服,这样可以防止皮肤被晒伤,并防止受到外物刮伤。
④ 穿戴衣服前把衣服抖开,并仔细检查一遍,尤其是手伸入口袋时要谨慎。

五、应对沙漠

沙漠地带通常昼夜温差很大,例如夏季白天,温度有时高达40℃左右,而夜间则降至15℃左右;而在冬季昼夜温差也在20℃左右,有时还伴随连绵不断的雨雪天气;而有些地区则终年没有降雨,偶而出现的降雨可能会是滂沱而下,并形成洪水,但很快会被地表吸干。

在沙漠中求生时,应注意以下几点。

1.寻找水源

① 设法从绿洲、干涸河床底部的水洞、坎儿井中寻找水源。
② 仙人掌类植物中富含水分。

③ 在昼夜温差很大时，凝结水蒸气取水。

④ 在沙丘间的最低处奋力下挖可能会找到水源。

2. 防止体液缺损

① 流汗后及时补充水分，流汗是人体的降温机制，体液减少时，依然会大汗不止。

② 昼伏夜行或白天休息、夜间工作（如搭建掩体）。

③ 在夜间生火取暖（灌木与大型动物粪便都很易于燃烧）。

④ 全身着衣，白天不要脱下衣服，否则会增加流汗，衣服应宽松，以便隔热或保暖。

⑤ 使用头巾，可以隔热、防晒，且能防止沙暴迷眼。

⑥ 注意眼睛的防护，因为沙漠中会有闪烁光和风沙危害。

⑦ 不要光脚走在热沙上，否则皮肤会被烫起泡，也不要穿凉鞋行走。

⑧ 注意防止食物变质，食品开启后应尽快吃完。

六、海上求生

地球表面约80%被水覆盖着，在所有求生环境中，由于我们对海洋环境缺乏认识，使得海上求生变得尤其可怕和难以存活，在寒冷的海水中体温会迅速下降，必须设法尽快登上陆地或救生船中。

1. 遇有重油

① 用蛙泳方式游泳。

② 将正前方与两侧的油拨开。

③ 在越出油面前，紧闭双眼与嘴直至浮出水面。

④ 保持身体浮在水面之上，直至游出该水域。

2. 水面有油或气体燃烧

① 拨开正前方的火苗。

② 如水面感觉有高温时，做深呼吸，潜入水下。

③ 尽快游出起火的水域，并浮出水面。

④ 在起火水域游泳时，救生衣千万不要充气。

3. 健康保护

① 尽量使用救生船与船载设施。

② 避开海水、海风、日晒的侵袭。
③ 保持船内干燥。
④ 收集雨水，增加淡水资源，饮用淡水与无酒精饮料，不要喝海水。
⑤ 保存好体能，不要做无谓的事，尽量睡觉。
⑥ 不因船内空间狭小而影响大小便。
⑦ 在寒冷环境中船底垫上毛毯、衣服，并保持衣服干燥。
⑧ 在炎热环境中，适当用水浸湿衣服，并每日清洗，日落前晾干。

4. 对付鲨鱼

① 用力拍打水面吓阻鲨鱼。
② 不要将手、脚泡在水中。

七、水与求生

人体的75%由水组成，呕吐、腹泻、流汗都会使体液流失；当人的体重下降20%时，生命就会受到威胁。气温低于29℃时人可承受脱水25%，气温高于29℃时脱水15%就会威胁生存。身体消耗的水分必须及时、不断地补充。求生中注意寻找水源。流动的水是最理想的选择。有条件的话避免喝生水。对于水质不佳的水必须煮沸或使用水净化片后方可饮用。正常人仅靠饮水可维持生命20天左右，而断水三天就可能造成死亡。

1. 维持体液平衡的方法

① 饮水或吃含水分的食物来补充体液。
② 多休息，少活动。
③ 不要抽烟、饮酒。
④ 待在阴凉处，不要坐在热的地面上。
⑤ 若缺水，减少或不要进食，消化脂肪类食品需大量水分。
⑥ 不要谈话，用鼻子来呼吸。

2. 获取淡水

（1）寻找水源　水通常在低洼处，植被之下常会有水（注意：对周围有动物残骸的水源要保持警惕，沙漠中的死湖往往含盐量很高，不能直接饮用）。

（2）凝结水汽　将塑料袋套在嫩枝上，让叶面蒸腾，获取凝结水（见图6-5）。

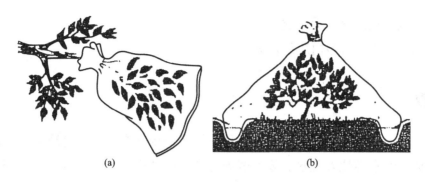

图6-5 凝结水汽

（3）日光蒸馏　挖一大坑，坑底放一个收集器皿，坑顶覆上塑料布周边压实，塑料布中央搁一块石头（见图6-6）（注意：此法适于蒸馏有毒的水、海水、尿液等，千万不要直接喝海水与尿液）。

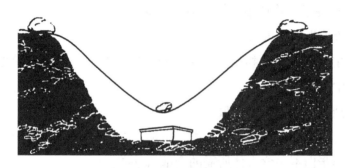

图6-6 日光蒸馏

（4）冰雪化水　融冰比融雪更容易，且所需热量较少。

（5）用海冰化水　通常海冰含盐量很高，化成水也不能直接饮用。而年代古老的冰含盐较少（注意：年代近的冰，轮廓粗糙，呈乳白色；年代古老的冰，边缘光滑，呈天蓝色）。

（6）从动植物中取水　植物的根、茎、叶中都会含有水分（注意：有些植物的汁液是有毒的，注意鉴别）。动物的眼眶中含有较多水分，可直接吸吮（所有鱼类体内都有可饮用的流汁）。

3.定量供水

缺乏饮用水时，饮用水应定量供应。

①求生第1天，不要饮水，利用体内储存的水分。

②求生第2～4天，每天饮水最多不超过400毫升。

③求生第5天后，每天饮水控制在55～225毫升之间，依天气情况而定。

④长期缺水后，绝不可以突然大量饮水。

第六章　客舱应急处置

⑤ 饮水前先浸润唇、舌、喉。
⑥ 此时不要吃富含蛋白质的食物。

八、食物

食物对于短期生存并非绝对必要，尽可能多带点飞机餐，可解决食物问题，但要记住只进食不饮水会使人脱水。体力劳动与脑力劳动都会消耗人的体能。当食物缺乏时，应心境平和、放松，以免浪费能量。

1. 食物分类

（1）碳水化合物　主要包含如下两大类。

① 蔗糖类　存在于果汁、糖浆、蜂蜜与水果中，可直接食用。

② 淀粉类　存在于植物块根、块茎与谷物类的种子中。

缺陷：无B族维生素并可引起便秘。

（2）脂肪　主要存在于动物皮下脂肪组织与器官周围。动物、蛋类、奶类、坚果、真菌及部分植物中都有。

缺陷：不易消化，消化时需大量水分。

（3）蛋白质　主要存在于肉类、鱼类、蛋类、谷类、豆类、真菌类、坚果之中。

缺陷：植物类蛋白不包含人体所需的全部氨基酸。

（4）矿物质　人体需要的各种矿物质的量是各不相同的。

大量元素：钙、磷、氯、钠、钾、锰。

少量元素：铁、氟、碘等。

微量元素：锶、铝、砷、金等。

（5）维生素　共有40种左右，其中有12种是人体所必需的，植物中含有微量的维生素，皮肤接受光照可合成维生素D，小肠内的细菌也可合成维生素，多数维生素可从外界获得。缺乏维生素会造成皮肤病、坏血症、佝偻病等。

2. 尝试植物

当食物缺乏时，人们不得不寻找其他食物来源，某些植物可能有食用价值，应遵循以下介绍的程序进行毒性鉴定，且每人每次只可尝试一种，必须按序进行，当有疑惑时立即停止试验。当有不适时，尽快刺激喉咙将其呕吐出来或吞少量炭灰诱使呕吐。

（1）看　若植物茎、叶上附着有蛆或其他蠕虫时不能食用。

有些植物在衰老期会代谢产生有毒物质。

（2）闻　切下一小块，若有难闻的苦杏仁或桃树皮味，则立即扔掉。

（3）抹　稍挤榨一些汁液抹在体表敏感处如肘部与腋下间的前上臂，若有不适，如起疹或肿胀，则立即扔掉。

（4）尝　若以上步骤进行完毕后无任何不适，则进行以下步骤，之间的相互间隔不少于5秒。每次尝试取少量植物材料。

① 触动唇部。

② 触动口角。

③ 舌尖舔尝。

④ 舌根舔尝。

⑤ 咀嚼少量。

若有任何不适，如喉咙痛痒、强烈的灼伤感、刺激性疼痛等则立即扔掉，切勿再做进一步试验。

（5）吞　吞咽少量植物，耐心等待5小时，其间不得饮食其他任何食物。

（6）食　若无口部痛痒、不停打嗝、恶心、发虚、胃痛、下腹绞痛以及其他任何不适症状，则可认为该植物是可食用的。

3.食物定量

① 所有食物必须分作三等份，在预计的营救日前一半时间动用其中的三分之二。

② 应急食品、不易腐烂的食品应最后动用。

③ 体力许可时应尽量采集野生食品。

④ 避免过度劳累使体能下降。

⑤ 进食应有规律，即使水和食物已很少。

⑥ 应急食品中所含的糖类化合物越高越好。

⑦ 尽量减少进餐数，每日两餐即可。

九、信号

获得援救的首要前提是，使他人知道你的处境，告知别人你的位置，并努力取得联系。

国际通用的求救信号，英文字母"SOS"（即Save Our Soul）是最为人熟知的，信号可以直接在地上写出，也可通过无线电、灯光、声响等方式发出。

1.可用资源

（1）飞机残骸　坠机后我们可以找到很多有用的信号源，如燃油、轮胎及一些可燃或绝缘材料，燃烧它们形成大火或浓烟。

我们还可利用飞机的玻璃、整流罩、救生衣、滑梯等有反光作用或色彩鲜艳的物品堆放在我们周围以引起救援人员的注意。

（2）天然材料　干的树枝、树皮、树叶，都是很好的燃料，而湿的材料，燃烧时会形成浓烟。

（3）应急定位发射器　机载的应急定位发射器，在陆地和海上都可使用，是发射无线电求救信号的最佳选择。

（4）手电筒　可用于发布灯光信号，如SOS的莫尔斯代码（三短、三长、三短）。

（5）哨子　是发出声响信号的理想手段，在求援时除通行的SOS信号外，还可用1分钟发出6次哨音（也包括挥舞6次或6次闪光），间歇1分钟再重复的方式。

（6）漂流瓶　在海上释放漂流瓶可能太富有想象力，但是在小溪中施放一个刻有SOS求救字样的漂流瓶或木块等或许会是一种引人注目的方法。

2.信号方式

（1）火光信号

① 燃放三堆大火并摆成三角形是国际通行的方式，若材料不足，也可只点一堆火。为防火势蔓延，火堆附近应围有小墙。

② 若附近有河流，也可如图6-7所示扎三个木筏，将火种放在上面，并在两岸固定，沿水流作箭头状。

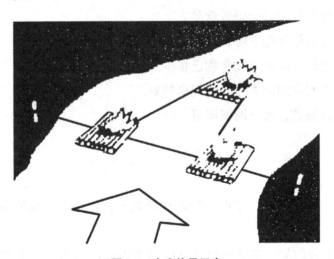

图6-7　火光信号示意

（2）浓烟信号

① 浓烟是很好的定位方式，浓烟升空后会与周围环境形成反差，易受人注目。

② 在火堆上添加绿草、绿叶、苔藓、蕨类植物或任何其他湿的物品如座垫等都可形成亮色浓烟，这种方式适用于丛林。

③在火堆上添加汽油与橡胶会形成黑色浓烟,这种方式适用于雪地或沙漠。

3.地对空目视信号

供幸存人员用的地对空目视信号至少需长2.5米(8英尺),并需尽可能使之醒目(表6-6)。

表6-6 地对空目视信号意义

编号	意义	信号
1	需要帮助	V
2	需要医疗帮助	X
3	不是或否定	N
4	是或肯定	Y
5	向此方向前进	↑

注:1.信号可由任何东西做成,如用布带条、保险伞材料、木片石块之类,表面用机油涂刷或加以踩踏,以使醒目。
2.可用其他方法,例如无线电、火光、烟或反光等,以引起救援人员对上述信号的注意。

4.空对地信号

航空器使用下列信号,表示已明白地面信号。

(1)昼间 摇摆机翼(图6-8);

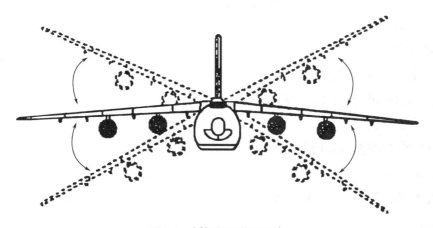

图6-8 摇摆机翼信号示意

(2)夜间 开关着陆灯两次,如无此设备,则开关航行灯两次。
如无上述信号,则表示不明白地面信号。

5.莫尔斯代码

莫尔斯代码是一种通用的国际代码。每个字母间应有短暂停顿,每个词组间应有明显停顿。

莫尔斯代码

A	·—	N	—·	1	·————
B	—···	O	———	2	··———
C	—·—·	P	·——·	3	···——
D	—··	Q	——·—	4	····—
E	·	R	·—·	5	·····
F	··—·	S	···	6	—····
G	——·	T	—	7	——···
H	····	U	··—	8	———··
I	··	V	···—	9	————·
J	·———	W	·——	0	—————
K	—·—	X	—··—		
L	·—··	Y	—·——		
M	——	Z	——··		

发送信号

AAAA*……呼叫信号，我有一个信息。

AAA*句子结束，下面还有更多。

pause单词结束，下面还有更多。

EEEEE*……错误，从最后一个正确的单词开始。

AR　信号结束。

接收信号

TTTT*……我正在接收。

K我已做好准备，请发出信息。

T单词已书到。

LMI*重复信号，我不能理解。

R信息已收到。

*代表按单词传送，不要停顿。

有用的单词

SOS（求救）　　　···———···
SEND（送出）　　　···—·—··—··
DOCTOR（医生）　　—··———·—·———·—·
HELP（帮助）　　　·····—··——·
INJURY（受伤）　　··—·—····—·———·——
TRAPPED（发射）　—·—·—··—·——··—··
LOST（迷失）　　　·—·······—
WATER（水）　　　·———·—···—

6. 身体语言

图6-9所示一系列信号空中救援人员都能理解，可以据此向他们发出信号。注意从身前到两侧的位置改变、腿与身体姿势的运用、手部的动作。手上持一块布条对Yes（是）或No（否）加以强调。做这些动作时，要求十分清晰，且幅度尽量大。

图6-9　身体语言图示

7. 信息信号

当离开失事地点或营地时，应留下一些信号物。

制作一些大型的箭头形信号，表明自己的前进方向，且使这些信号在空中也能一目了然。再制作其他一些方向指示标，使地面搜寻人员可以理解。

地面信号物使营救者能了解你的位置或者过去的位置，方向指示标有助于他们寻找你的行动路径。一路上要不断留下指示标，这样做不仅可以让救援人员追寻而至，还可以在自己希望返回时，也不致迷路，如果迷失了方向，找不着想走的路线，指示标就可以成为一个向导。

方向指示器包括：

① 将岩石或碎石片摆成箭形；
② 将棍棒支撑在树叉间，顶部指着行动的方向；
③ 在一卷草束的中上部系上一结，使其顶端弯曲指示行动方向；
④ 在地上放置一根分叉的树枝，用分叉点指向行动方向；
⑤ 用小石块垒成一个大石堆，在边上再放一小石块指向行动方向；
⑥ 用一个深刻于树干的箭头形凹槽表示行动方向；
⑦ 两根交叉的木棒或石头意味着此路不通；
⑧ 用三块岩石、木棒或灌木丛传达的信号含义明显，表示危险或紧急。

十、使用绳索

日常生活中常使用绳索做系扎与固定之用，在求生过程中使用绳索来进行攀爬与救援，可以帮助克服各种复杂地形，以下介绍三种救援中实用的绳索方法，客舱乘务员应学会，并牢记正确的操作与使用方法。不正确的系扣方法，有时会引致危险的发生。

1. 单套环

此环制作快速，承受力强，可用于各种需绳环固定的场合（图6-10）。

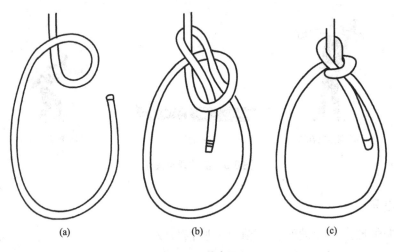

图6-10　单套环

① 用一根带子活端制作一个反手结；
② 将另一根带子的活端沿反手结的运动轨迹的相反方向穿越此结；
③ 活端应该恰好在结内，这样拉紧时活端就不会滑落。

2. 环中环

此环用于支撑或拉出缝隙或其他难以爬出的地方的遇险者，用其中一环绕过臀部，另一环绕过上体即可，也可将两腿放入环中，手抓牵引绳索。

① 将双股绳索弯曲成一环，将活端穿过此环［图6-11（a）］。
② 将活端向下［图6-11（b）］，然后套过双层环［图6-11（c）］，轻轻移至固定部分后面［图6-11（d）］。
③（3）拉动大的双层环，使其变紧［图6-11（e）］。

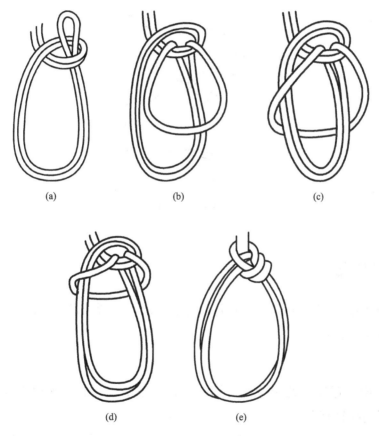

图6-11　环中环

3. 绳梯结

此结用于在光滑绳索上，按一定间隔连续打出多个反手结以利于使用绳索进行攀爬。

① 绳索的末端留出一截合理的长绳［图6-12（a）中的绳A］，在一根短树枝或圆木末端用绳索打一个半结。

② 沿着圆木连续制作一些松弛的半结。

③ 将留出的绳端A向后依次穿过所有的环，然后将所有的环滑下圆木末端。

④ 将每个绳结依次穿过半结，另一端固定，系紧每个结。

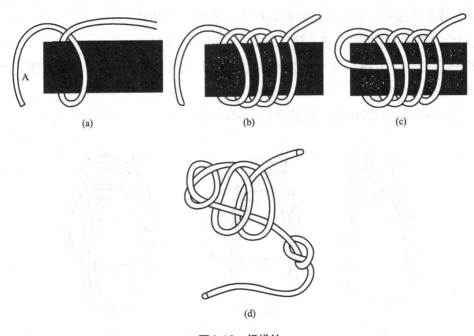

图6-12　绳梯结

十一、辨别方向

在求生过程中我们需正确辨别方向以便我们能尽早脱离危险之境。以下介绍几种实用的辨别方向的方法。

1. 影钟法

无论身处南半球还是北半球都可用树影移动来确定，北半球树影以顺时针移动，南半球树影以逆时针移动。

（1）影钟法1［图6-13（a）］　在一块平地上，竖直放置1米长的垂直树干。注明树影所在位置，顶端用石块或树棍标出（A）。15分钟后，再标记出树于顶端在地面上新的投影位置（B）。两点间的连线会给出东西方向——首先标出的是西。南北方向与连线垂直。这种方法适用于任何经纬度地区一天中的任何时间，只是必须有阳光。用该法可以检测人移动的方向。

（2）影钟法2［图6-13（b）］　如果时间充裕，还可以用另一种更精确的方法——在早晨标出第一个树影顶点，以树干所落点为圆心，树影长的半径作弧，随着午时的来临，树影会逐渐缩短移动，到了下午，树影又会逐渐变长，标记出树影顶点与弧点的交点，弧上这两点间的连线可提供准确的东西方向——早晨树影顶点为西。

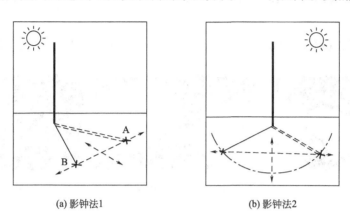

(a) 影钟法1　　　　　　　　(b) 影钟法2

图6-13　影钟法

2.手表法

传统的手表有时钟和分钟，可用来确定方向，前提是它表示的是确切的当地时间（没有经过夏时制调整，也不是统一的跨时区标准时间）。越远离赤道地区，这种方法越可靠，因为如果阳光几乎是直射的话，很难精确确认方向。

（1）北半球　将表水平放置，时针指向太阳，时针与12点刻度之间的夹角平分线指明南北方向［图6-14（a）］。

（2）南半球　将表水平放置，将12点刻度指向太阳，12点刻度与时针指向间的夹角平分线指明南北方向［图6-14（b）］。

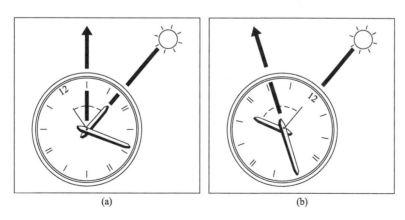

(a)　　　　　　　　　　　(b)

图6-14　手表法

3. 简易指南针

一截铁丝（缝衣针即可）反复同一方向与丝绸磨擦，会产生磁性，悬挂起来可以指示北极（图6-15），磁性不会很强，隔段时间需要重新磨擦，增强磁性。

如果你有一块磁石，会比用丝绸更有效——注意沿同一方向将铁针不断与磁石磨擦。

用一根绳子将磁针悬挂起来，以便不影响平衡。但不要用有扭结强绞缠的绳线。

图6-15 简易指南针

小结

客舱乘务员对于野外求生技巧的掌握，对飞机发生迫降事故后人员的存活率有着很大的影响。同时求生技巧不仅适用于飞机失事，在我们平时生活中也是必不可少的。希望大家在本节学习中有所收获。

课后作业

（1）使用手表法辨别方向。
（2）尝试使用日光蒸馏获取淡水。

附录

民航主要机型介绍

一、B737机型

波音737系列飞机是美国波音公司生产的一种中短程双发喷气式客机。波音737自投产以来40余年销路长久不衰,成为民航历史上最成功的窄体民航客机系列之一,至今已发展出9个型号。波音737是短程双涡轮飞机。

波音737主要针对中短程航线的需要,具有可靠、简捷,且极具运营和维护成本经济性的特点,但是它并不适合进行长途飞行。根据项目启动时间和技术先进程度分为传统型737和新一代737。波音737总体较安全。

737OG(最老)包括737-100/-200;737CL包括737-300/-400/-500,新一代737(NG)包括737-600/-700/-800/-900和未来的737MAX,包括737MAX7、737MAX8。波音737是民航界史上最畅销的客机,自1967年起已生产超过7865架,并仍有超过3680架的订单等待交付,主要生产线是在华盛顿州的波音伦顿厂房。许多航空公司订购波音737,来取代旧式的707、727、757、DC-9和MD-80/-90,目前主要竞争对手是空中客车A320。

中文名:波音737
外文名:Boeing737
生产者:美国波音公司
类型:双发动机窄体民用运输机
研制时间:1964年
首飞日期:1967年4月9日

二、B747机型

波音747是由美国波音公司在20世纪60年代末在美国空军的主导下推出的大型商用宽体客/货运输机(wide-body commercial airliner and cargo transport aircraft),亦为世界上第一款宽体民用飞机,自1970年投入服务后,到空客A380投入服务之前,波音747保持全世界载客量最高飞机的纪录长达37年。

截至2013年3月,波音747共生产了1464架,另外还有64架订单尚未交付;波音747最新型号是747-8,已在2011年正式投入服务。

2014年3月31日当天上午9时许,全日空公司所属的这一架客机满载500名乘客,从东京羽田机场起飞,前往冲绳,这是日本航空界最后一架波音747大型客机进行的最后一次飞行。

中文名:波音747
外文名:Boeing747
生产者:美国波音公司
类型:四发远程宽体通用运输机
研制时间:1965年8月
首飞日期:1969年2月9日

三、B757机型

波音757飞机为美国波音公司开发的双发涡扇中远程窄体客机,也是波音727系列的后继机,用于替换波音727及波音737原始机型,并在客源较少的航线上作为波音767的补充。

波音757飞机于1983年1月1日交付首架,2002年10月16日波音宣布将在2004年终止波音757飞机的生产,2004年10月28日最后一架波音757飞机出厂,次年4月27日交付美国大陆航空。自此波音757系列飞机共生产了1050架(包括原型机)。

波音757系列飞机主要型别有:757-200、757-200PF(包裹货机——专为启动UPS研制)、757-200Combi(客货混合型)、757-200F(货运型)、757-200ER(增程型)、757-300(-200加长型)。

中文名:波音757
外文名:Boeing757
生产者:美国波音公司
类型:双发动机窄体民用运输机
研制时间:1979年3月
首飞时间:1982年2月19日

四、B767机型

波音767是美国波音公司开发的中型宽体客机,用来与空中客车A300和A310竞争。波音757与波音767两者的驾驶舱设计亦相同,机组及维修人员很容易同时掌握这两种飞机。波音767和波音757在波音民航机中首先使用2人操控的驾驶舱,此外亦是波音客机中最先采用电子飞行仪表的飞机。波音767的首个型号是-200型,之后生产了较长的-300型。还有计划流产的-400型号,此外尚有长途专用的-200ER、-300ER和-400ER。

波音767飞机是波音公司生产的双发(动机)、半宽体、中远程运输机。波音767的客舱采用双通道布局,主要面向200～300座级市场,用来与空中客车A300/A310系列竞争,主要是用来争夺20世纪80年代波音707、波音DC8、波音DC10、波音727等200座级中远程客机由于退役而形成的市场。波音767系列大小介于单通道的波音757和更大的双通道的波音777之间。

1980年4月,第一架波音767出厂,1981年9月26日第一架波音767飞机首飞,1982年7月获得型号合格证,同年9月交付,并于同年12月首次用作商业飞行。在1990～1992年交付数量分别为60架、62架、63架,达到高峰。原本波音公司计划于2007年底停产波音767系列,但在2007年3月接获了27架波音767货机订单,因此停产计划延迟。截至2007年3月,波音共接获该机型1011架订单。

1985年中国首次引进该机型,2014年5月6日国航出售最后一架波音767-300ER。它的售出宣告波音767机队完成了在中国国际航空的使命,正式退出历史舞台。目前上海航空仍有运营中的波音767。

中文名:波音767　　　　　　　　　　类型:双发动机中型宽体民用运输机
外文名:Boeing767　　　　　　　　　研制时间:1978年2月
生产者:美国波音公司　　　　　　　　首飞时间:1981年9月26日

五、B777机型

波音777是一款由美国波音公司制造的中远程双引擎宽体客机,是目前全球最大的双引擎宽体客机,三级舱布置的载客量为283～368人,航程为5235～9450海里(9695～17500千米)。波音777采用圆形机身设计,起落架共有14个机轮,是美国波音公司研制的双发中远程宽体客机。波音777在规格上介于波音767-300和波音747-400之间。

1990年10月29日正式启动研制计划,1994年6月12日第1架波音777首次试飞,1995年4月19日获得欧洲联合适航证和美国联邦航空局型号合格证,1995年5月30日获准180分钟双发延程飞行,1995年5月17日首架交付用户美国联合航空。波音777在大小和航程上介于波音B767-300和波音B747-400之间,具有座舱布局灵活、航程范围大和不同型号能满足不断变化的市场需求的特点。

中文名:波音777

外文名:Boeing777

生产者:美国波音公司

类型:双发动机宽体民用运输机

研制时间:1990年10月

首飞日期:1994年6月12日

六、B787机型

波音787又称为"梦想客机",是航空史上第二架超远程中型客机,系中型双发动机宽体中远程运输机,是波音公司1990年启动波音777计划后14年来推出的首款全新机型,由波音民用飞机集团(BCA)负责开发,在2004年4月正式启动。经多次延期后,于美国时间2009年12月15日成功试飞,标志着B787飞机制造项目进入交付使用前最后一个阶段,2011年交付使用。波音787的特点是大量采用复合材料、低燃料消耗、较低的污染排放、高效益及舒适的客舱环境,可实现更多的点对点不经停直飞航线,以及较低噪声、较高可靠度、较低维修成本。

中文名:波音787
外文名:Boeing787
生产者:美国波音公司
类型:中型双发动机宽体中远程运输机
研制时间:2004年4月
首飞日期:2009年12月15日

七、A320机型

空中客车A320系列飞机是欧洲空中客车工业公司研制生产的单通道双发中短程150座级客机,是第一款使用数字电传操纵飞行控制系统的商用飞机,也是第一款放宽静稳定度设计的民航客机。

A320系列飞机在设计上提高了客舱适应性和舒适性。A320系列飞机包括A318、A319、A320和A321在内组成了单通道飞机系列,旨在满足航空公司低成本运营中短程航线的需求,为运营商提供了100~220座级飞机中最大的共通性和经济性。

A320飞机自1988年4月投入运营以来,迅速在中短程航线上设立了舒适性和经济性的行业标准。A320系列的成功也奠定了空中客车公司在民航客机市场中的地位,打破了美国垄断客机市场的局面,研制与波音737系列和麦道MD-80系列进行竞争的机型。

中文名:空中客车A320

外文名:Airbus A320

生产者:空中客车工业公司

类型:双发动机窄体民用运输机

研制时间:1982~1987年

首飞日期:1987年2月22日

八、A330机型

空中客车A330，是一款由欧洲空中客车集团所生产的高载客量的新一代电传操纵喷气式中长程双通道宽体客机，用于取代空中客车A300、空中客车A310，与四引擎的空中客车A340同期研发。空中客车打算把A330投放在ETOPS市场上，以便于带来高收益且低运营成本，而A340在远程和超远程航线上提供多种功能。除引擎的数目外，A330的机翼和机身的形状与A340几乎相同。在机体方面，其设计取自A300，但其机鼻、驾驶室及电传操纵则是取自空中客车A320。至2014年12月，空中客车共售出1467架A330，当中有1154架已经交付予客户，其中有101家客户运营着1139架A330。

中文名：空客A330

外文名：Airbus A330

生产者：空中客车工业公司

类型：双发动机中远程宽体民用客机

研制时间：1986年

首飞日期：1992年11月2日

九、A340机型

空中客车A340是由欧洲空中客车公司制造的四发动机远程双过道宽体客机。基本设计上类似于双发空中客车A330，但是发动机多了2台共装备4台。A340最初设计目的是要在远程航线与波音747竞争，A340载客量较少，适宜远程客运量少的航线。但是，后来则是要与波音777飞机竞争远程与超远程的飞机市场。其初期型号之一A340-300别名为5APU，起因是因为它机翼下挂的CFM-56-5C发动机与波音777使用的GE-90系列、PW4000系列、Trent系列相比推力太小（139～151kN），推重比也小，这就像挂了4个APU（辅助动力单元，用于提供额外电力及空气），再加上其尾部真正的APU，因此得名。

到2011年9月，A340的379架订单中已经完成交付375架，其中365架仍在服役。2011年11月10日，空中客车第三季度报告宣布停止A340生产，由A350继承取代。在前后约20年的生产期间，A340共获得48家客户的379架订单，其中包括246架早期型的A340-200/-300，与34架的A340-500和97架A340-600两款新一代机型。

中文名：空中客车A340

外文名：Airbus A340

生产者：空中客车工业公司

类型：四发动机远程中体民用载客机

研制时间：1987年4月

首飞日期：1993年3月

十、A350机型

A350是欧洲空中客车公司研制的双发远程宽体客机,是空中客车的新世代中大型中至超长程用广体客机系列,以取代较早期推出的空中客车A330及A340系列机种。2014年已投入生产。A350是在空客A330的基础上进行改进的,主要是为了增加航程和降低运营成本,同时也是为了与全新设计的波音787进行竞争。空中客车公司A350项目于2005年10月6日正式启动,于2013年6月14日首次飞行,首架A350XWB于2014年12月22日交付启动用户卡塔尔航空公司。研发成本方面预算为35亿欧元。

中文名:空中客车A350

外文名:Airbus A350

生产者:空中客车公司

类型:双发动机远程宽体民用运输机

研制时间:2005年10月

首飞日期:2013年6月14日

十一、A380机型

空中客车A380是欧洲空中客车工业公司研制生产的四引擎、550座级超大型远程宽体客机，空中客车A380投产时是载客量最大的客机，有空中巨无霸之称。

2005年4月27日首航，2007年10月25日第一次商业飞行。2009年7月9日，新加坡航空开通首班新加坡至香港A380航班。2011年10月17日A380飞机正式执行中国大陆第一个载客飞行任务，首飞北京到广州航线。2012年3月1日，南航第三架A380平稳降落在北京首都国际机场，并于3月2日正式投入北京-香港航线运营。

空中客车A380在单机旅客运力上有优势，在典型三舱等（头等舱-商务舱-经济舱）布局下可承载525名乘客。空中客车A380飞机被空中客车公司视为其21世纪的"旗舰"产品。A380在投入服务后，打破波音747在远程超大型宽体客机领域统领35年的纪录，结束了波音747在市场上30年的垄断地位，成为载客量最大的民用客机（不过载重量最大的飞机仍是安东诺夫的An-225梦想式运输机）。

空中客车A380采用了更多的复合材料，改进了气动性能，使用新一代的发动机、先进的机翼、起落架。减轻了飞机的重量，减少了油耗和排放，每千米油耗及二氧化碳排放更低。A380飞机降低了营运成本，且机舱内的环境更接近自然。客机起飞时的噪声比当前噪声控制标准（ICAO）规定的标准要低得多。A380是首架每乘客（座）/百千米油耗不到3升的远程飞机（这一比例相当于一辆经济型家用汽车的油耗）。

中文名：空中客车A380　　　　　　　　类型：四发动机远程宽体民用运输机
外文名：Airbus A380　　　　　　　　　研制时间：1996年4月
生产者：空中客车工业公司　　　　　　首飞日期：2007年10月25日

参考文献

[1] 大型飞机公共航空运输承运人运行合格审定规则（CCAR-121-R4），2005.

[2] 中华人民共和国民用航空法，2015.